퓨전 워크아웃 – 피트니스, 요가, 필라테스, 발레

Fusion Workouts – Fitness, Yoga, Pilates, and Barre

퓨전 워크아웃

피트니스, 요가, 필라테스, 발레

엄 기 매 외 옮김

Fusion Workouts

Fitness, Yoga, Pilates, and Barre

Helen Vanderburg

영 문 출 판 사

■ **옮긴이** (가나다 순)

김효철 원광디지털대학교 한방미용예술학과 교수
엄기매 여주대학교 물리치료과 교수
백형진 대한예방운동협회 협회장
여동구 타우요가 마스터

Fusion Workouts: Fitness, Yoga, Pilates, and Barre by **Helen Vanderburg**

퓨전 워크아웃

피트니스, 요가, 필라테스, 발레

2020년 2월 20일 초판인쇄
2020년 2월 27일 초판발행

지은이 : Helen Vanderburg
옮긴이 : 엄 기 매 외
발행인 : 박 병 조
발행처 : 도서출판 영문출판사
등 록 : 1987년 12월 21일 제2-419호
주 소 : 서울시 강남구 삼성동 69-1
전 화 : (02) 514-5590, 776-5590
팩 스 : (02) 756-8943
홈페이지 : www.ymsbook.net
E-mail : yeongmunsa@empal.com
정 가 : 35,000 원
ISBN 978-89-7224-474-5 93510

※ 파본은 교환해 드립니다.

이 책은 당신이 운동을 하는 기쁨과
긍정적인 에너지를 찾게 해주어
당신의 내면과 외면이 강해지는데
헌신적인 도움을 줄 것이다.
이 책은 당신을
강하게 만들어 줄 것이다.

목차 (Contents)

운동 검색 (Exercise Finder)

운동 이름	워밍업	요가	필라테스	피트니스	발레	해당 페이지
초승달 런지 자세		X				64
태양숭배 자세 1	X					45
태양숭배 자세 2	X					46
태양숭배 자세 3	X					47
테이블 탑 자세				X		91
팔을 들어 올린 산 자세	X					42
평영 자세				X		96
플랭크 자세에서 엉덩이 내리기				X		87
플랭크 자세	X			X		37, 82
플랭크 자세에서 구부리기			X			84
플랭크 자세에서 다리 들어 올리기			X			83
플랭크 자세에서 엉덩이 올리기				X		86
플랭크 자세에서 와이드 푸시업				X		89
플랭크 자세에서 푸시업		X				88
하늘 바라보는 개 자세		X				100
한 다리 균형 자세			X			72
한 다리 스트레칭			X			116
한 발 스쿼트 자세				X		56
행복한 아기 자세		X				158
활 시위 자세		X				99
회전 의자 자세		X				55
휴식 자세		X				159
2점 테이블탑 자세			X			92
3D 호흡법	X					13

머리말 (Preface)

이 책을 당신과 공유할 수 있는 기회를 주심에 감사드린다. 나는 처음에는 육상과 댄스, 그리고 나중에는 피트니스, 요가, 필라테스를 하면서 활발한 삶을 사는 데에 내 인생을 바쳤다. 운동에 대한 나의 열정은 30년 동안의 피트니스 애호가, 요가를 하는 사람, 운동선수 훈련, 코치를 하며 영감을 주었고, 내부적인 힘의 존재가 외부적으로 발현되어 어떻게 물리적인 강함으로 나타나는지를 이해하게 되었다.

사람의 신체는 움직이기 위한 것이다. 나는 한번에 그것이 채워지지 않는다고 믿으며, 결국 그것은 생활 방식에 의해 좌우된다. 운동을 통해 당신은 건강, 기능, 활력을 적합성을 유지할 수 있게 된다. 피트니스를 수행하기 위해서는 운동 과학과 마음가짐이 모두 필요하다. 여기 퓨전 워크아웃에서 제시하는 운동을 선택하면 당신은 양쪽 모두의 최상의 결과를 얻게 되는 것을 경험하게 될 것이다.

퓨전 워크아웃은 마음과 몸을 위한 완벽한 운동 시스템이다. 이 부드러운 컨디셔닝 프로그램은 새롭게 운동을 시작하는 사람에게도, 수년에 걸쳐 운동을 해오던 사람에게도 당신 몸과 마음을 발견하고, 강화하고, 회복하고 발전시켜 준다. 퓨전 운동은 피트니스, 요가, 필라테스, 댄스로부터 나온 최상의 컨디셔닝 연습들의 완벽한 조화로 구성되어 있다. 육체적으로 정신적으로 효과적이고 효율적인 트레이닝은 움직임, 안정성, 유연성 및 평온함을 줄 것이다. 이 퓨전 워크아웃은 바디 웨이트 트레이닝으로 구성되어 있으며, 기구를 사용하지 않으면서도 쉽고 우아하고 근력이 강해지고 몸의 움직임을 완벽하게 습득하는 데에 훈련의 기본 철학을 두고 있다. 당신의 몸을 통해 움직임을 습득하게 되면 당신은 정말로 기능적으로 적합해질 것이다.

퓨전 워크아웃 방법은 피트니스 훈련의 최신 동향이 아니라 당신의 삶에 쉽게 적응할 수 있는 운동 시스템이다. 당신의 인생이 변하면서 퓨전 워크아웃은 당신의 목표와 필요에 따른 변화에 적응할 수 있게 도와줄 것이다. 당신의 에너지가 높아지고 당신 스스로 도전하고자 할 때 당신은 고강도의 퓨전 운동을 선택할 수 있다. 회복과 재충전이 필요할 때, 훈련을 줄이거나 이완 운동을 연습할 수 있다. 시간이 제한되어 있을 때에도 퓨전 운동 훈련 방식으로 훈련을 포기할 필요가 없다.

5단계 퓨전 워크아웃 구조는 체계적인 훈련 접근 시스템을 제공한다. 미리 디자인된 15가지 운동은 다양성과 자극을 제공하여 당신에게 적합한 운동을 찾을 수 있게 해줄 것이다. 아마도 당신이 피트니스를 시작하거나 이미 규칙적은 운동을 하는 사람이라고 해도 당신을 위해 특별하게 디자인된 퓨전 워크아웃이 있다.

이 책은 세 부분으로 나뉘어져 있다. Part I에서는 성공을 위한 최고의 기회를 당신이 갖출 수 있도록 퓨전 워크아웃 원리를 설명하고 있다. 마음이 운동 결과에 어떻게 영향을 주는지 이해하고, 운동에 더 많은 의식을 가져오는 간단한 기술을 배우고, 더 빠르고 더 효과적인 결과를 가져오는 훈련법을 배우게 된다. 코어의 기능을 어떻게 할 것인지 배우고, 어떻게 하면 이 훈련 방법을 통한 운동으로 최대로 얻어낼 수 있는지를 알 수 있게 된다. 호흡 운동, 점진적인 이완 기술, 명상은 제 3장에서 기술하고 있으며, 그 방법은 간단하며 일상생활에 적응하기도 쉽다. 당신은 이런 운동들을 그 자체로 하거나 또는 부분적으로 할 수도 있다. 당신은 어디서나 하루 중 어느 시간에서나 호흡 운동을 할 수 있는데 자동차 운전을 하거나, 사무실에서 일하는 동안, 또는 집에서 일하기 동안에도 할 수 있다.
점진적인 이완과 명상은 당신의 스케줄 중에서 가장 적합할 때에 매일 매일 할 수 있도록 되어 있다.

Part II에서는 퓨전 워크아웃의 운동으로 구성되어 있다. 이것은 퓨전운동을 연습할 수 있는 안내 역할을 한다. 각 운동은 일러스트로 되어 있고 자세하게 설명이 되어 있어서 가장 큰 결과를 얻기 위해 적합하게 운동을 올바르게 실행할 수 있는 기회를 제공해 준다. 연습은 네 가지 범주로 분류된다. 워밍업 ; 강하게 서 있기, 균형 및 유연성 운동 ; 강한 마루 운동, 균형 및 유연성 연습 ; 진정 및 이완 운동으로 구성되어 있다. 퓨전운동의 모음은 당신이 운동을 통해서 흥미를 느끼면서 도전적이며 재미를 유지할 수 있게 선택할 수 있는 100가지 이상으로 구성되어 있다. 당신에게 좀 더 쉬운 운동으로 시작하고 당신이 기술과 힘을 얻으면 더 도전적인 변화로 진행할 수 있게 해준다.
좀 더 다양한 운동 프로그램을 할수록 좀 더 좋은 결과를 얻을 수 있을 것이다.

Part III에서는 퓨전 워크아웃의 모음이다. 이러한 운동의 일반화된 모음은 운동 수준, 운동 기간, 운동 목적, 당신이 하고 싶은 종류에 기본을 두고 있다. 새롭게 운동을 시작할 경우에는 당신이 끝까지 할 수 있는 짧은 운동으로 시작하기를 권한다. 운동은 당신의 현재 휘트니스 수준과 목표에 따라 가장 적합한 것을 선택할 수 있도록 설명되어 있다. 당신이 어떤 결과를 보고 싶다면 일주일에 적어도 3회의 퓨전 운동을 할 것을 추천한다. 적절한 강도 수준에서 운동을 선택하고, 당신의 퓨전운동에 다양성을 포함시키면 매일 운동을 할 수 있을 것이다.
부록은 퓨전 워크아웃 시스템을 사용하여 당신의 운동을 계획하는데 도움을 줄 것이다.

퓨전 워크아웃 모음과 5단계의 퓨전 워크아웃 시스템에서의 운동으로 자신감이 생기면, 운동을 선택하는 것을 시작할 수 있다. 아무것도 적히지 않은 새 퓨전 운동 템플릿을 사용하여 무제한 운동을 할 수 있다. 그러나 당신이 유효성이 검증된 운동을 하고 싶다면, 부록 B에 요약되어 있는 운동 수준에 따라 분류된 주간 운동 프로그램을 사용하면 된다.

나는 지난 10년간 자신의 훈련을 위해 퓨전 운동을 가르치고 사용해오고 있으며, 나는 아직도 물리적으로나 정신적으로 도전을 만들어 내고, 힘을 키우며, 좀 더 정신을 집중시키고, 긴장을 풀고 회복시킬 수 있는 새로운 방법을 찾고 있다. 전 세계의 강사 및 참가자에게 이러한 스타일의 운동을 가르친 후에, 이 책을 통해 당신에게 이 효과적이고 효율적인 컨디셔닝 방법을 제공할 수 있어서 기쁘다.
내가 그랬듯이 당신이 이것을 즐기기를 바란다.
퓨전 운동을 즐겨보세요!

감사 인사 (Acknowledgments)

나를 지지하고 격려하여 내 열정에 따를 수 있게 해준 내 친구들과 내 가족, 부모님, 남편, 테리 케인, 그리고 딸, 키아와 세이지에게 감사하며 나의 뜻을 나눈다. 늦은 시간까지 이 책에 대한 교정을 위해 애써준 절친한 친구인 Karen Vouri와 나를 지원하고 이 프로젝트를 가능하게 한 모든 사람에게 감사한다. 이 책을 쓸 수 있도록 해주신 도와준 Human Kinetics의 편집장인 Michelle Maloney와 Laura Pulliam의 팀에게도 감사한다.

이 책은 내가 살아오면서 얻게 된 많은 선생님들과 멘토들로부터 받은 영감의 산물이다.
나는 이 책을 집필하고 피트니스 업계에서 성공적인 경력을 쌓는 데에 당신들의 지식과 영감을
나누어 주셔서 감사한다.

많은 감사와 더불어,
Helen

역자 서문

병원에서 물리치료사로 환자를 치료하고, 대학에서 물리치료과 교수로서 물리치료과 학생들을 가르친 지 35년이 넘었다. 환자 치료하는 방법을 가르치기 전에 좀 더 중요한 사실은 환자가 통증과 운동 제한 등의 여러 가지 증세와 증상 등의 병적인 상황을 초래하는 원인을 찾아내는 것이다. 가장 쉬운 환자의 증상은 통증과 관절 가동범위의 제한으로 인한 운동 기능의 부전을 들 수 있을 것이다. 치료방법도 물리치료의 발전과 더불어 다양하게 발달하고 각종 장비의 개발은 환자의 기능을 개선시키는 데에 도움을 주고 있지만 물리치료사의 손을 통한 섬세한 환자의 진단과 치료는 앞으로의 4차 혁명 속에서도 그 중요한 역할을 계속 수행할 것이다.

환자의 증상, 즉 결과에 치료목표가 아닌 환자의 증상의 원인을 찾아가는 치료의 여정 속에서 찾은 의문점은 이렇다. 왜 같은 상황에서 어떤 사람은 손상을 받고 어떤 사람은 아무렇지도 않을까? 같은 자세로 발목이 틀어졌는데 발목을 삐는 사람도 있지만 멀쩡한 사람도 있다는 것이다. 그 답은 몸의 긴장이다. 나쁜 습관으로 생긴 자세의 불균형, 그로인해 불안정한 관절과 비효율적으로 수축하고 있는 근육들은 자세적 불안감을 내포하고 있다. 이 균형이 잘 잡힌 사람은 같은 손상의 자세에서도 아무런 문제도 발생하지 않는다.

그렇다면 자세의 안정성으로 인한 튼튼한 관절과 골격근의 작용은 각종 손상은 막을 수 있다. 우리 몸의 근막은 내부 장기와도 연관이 있고 우리 몸을 하나의 막처럼 싸고 있고 척추관절은 물론 사지의 관절과도 연결되어 있음으로 인해 우리 몸 어느 곳에도 영향을 미치지 않는 곳이 없다. 그렇다면 근막의 긴장을 막아줄 수 있는 유연성이 답일까? 우리 몸과 마음은 함께 유기적으로 연관되어 있다. 마음의 긴장은 몸의 긴장의 원인이 될 수 있고 통증과 불사용의 악순환을 통해 근육의 긴장과 함께 약화를 가져올 수도 있다.

몸과 마음을 함께 충분히 이완할 수 있게 살필 수 있는 방법은 호흡법이다. 호흡법을 통해서 몸과 마음을 함께 이완시킬 수 있는 것이다. 우리는 어려서부터 체육시간에 숫자구령에 맞추어 국민체조를 모두 한 번쯤은 해보았을 것이다. 이러한 체조가 아닌 호흡을 느끼면서 우리 몸에 나라는 존재의 의식을 집중하면서 하는 간단한 방법 하나가 호흡이며 이러한 호흡이 내 의식과 우리 몸을 연결해주는 역할을 해주는 것이다.
호흡을 이용하여 몸과 마음을 함께 조절할 수 있고 이러한 방법은 내면의 자아에 집중할 수 있게 해준다.

임상에서 환자를 접하다가 보면 물리치료가 단순한 재활의 치료분야를 넘어서 이제는 국민건강을 위해서 예방적 차원에서의 접근이 필요한 시기가 왔음을 알 수 있다. 단순히 다쳐서 부상과 상해로 병원을 찾는 단계에서 아름다운 자세와 균형을 통한 건강의 회복뿐만 아니라 신체적인 아름다움을 위해서 또는 운동 부상뿐만 아니라 운동 기능의 최대 퍼포먼스를 향상하기 위해서, 단순히 노화에 의한 관절 약화가 아닌 노년의 건강증진을 추구해야 한다. 현재 정상 혈압이 120/80 이라고 한다면, 고혈압인 140/90으로 진행되기 위해서

121, 122, 123, 124의 진화과정을 거치게 된다. 여기서 최적의 건강 상태를 유지시켜주는 노력이 필요한 것이다. 최적의 골격과 근육의 상태, 여기에 몸과 마음 그리고 호흡의 일치성이 더한 상태가 우리 물리치료가 추구하는 최적의 심신의 상태인 것이다.

환자들의 모습에서 물리치료는 예방의학적 역할을 다해야 할 것이다. 단순히 질병의 결과만 치료하는 치료적인 방법들이 있다. 자세적인 불균형에서 시작되어 디스크 내적 압력의 불균형이 생겨 디스크 병변이 발생한 환자의 돌출된 디스크에 대한 수술을 한다고 해서 문제가 해결될까? 그 자세 즉, 문제의 원인은 그대로 있기에 언젠가는 다시 문제를 발생시킬 수 있다. 우리 물리치료사들은 이러한 잠재적 문제점을 해결하기 위해 그간 노력해왔다. 더 발전적으로 여기에서 한발자국 더 들어가서 살펴보면 그런 자세적 불균형과 몸과 마음의 긴장을 해결해 줄 방법이 필요한 것이다.

환자의 건강을 진정으로 위하는 길은 환자의 부상의 치료, 그 이전의 부상을 당하지 않고 손상을 최소화할 수 있는 근골격계의 균형, 그 이전에 몸과 마음의 균형된 건강임을 알아야 한다. 여러 해에 거쳐 이런 문제로 고심하던 차에 각종 관련 자료를 모아 이러한 접근을 모색하고 안내해줄 지침서가 없음을 아쉬웠었던 차에 어렵게 이 책을 만나게 되었다. 요가와 필라테스와 바레를 연결해 줄 수 있고 혼자 따라할 수 있으면서도 깊이 있게 수련할 수 있는 이 책은 앞으로 물리치료의 예방의학적 접근에 대한 연구의 시작이라고 말할 수 있을 것이다. 아무쪼록 이 책을 읽는 독자들이 이러한 취지를 염두에 두고 읽어주길 바란다.

역자 대표 엄 기 매

퓨전 워크아웃의 기초

(Foundation of Fusion Workouts)

퓨전 워크아웃이란?

시작하기

명상과 의지

퓨전 운동은 피트니스, 요가, 필라테스와 댄스를 기본으로 하는 운동의 완벽한 조화로, 주의 깊은 접근 방식을 통해서 최적의 결과를 얻을 수 있다. 운동을 배우기 전에 철학과 훈련 원리를 이해하는 것은 운동 프로그램의 성공을 보장해 줄 것이다.

코어의 컨디셔닝은 피트니스 훈련에서 가장 인기있는 주제 중 하나이다. 코어를 어떻게 훈련시키고 당신의 코어를 작동시킴으로 좀 더 진전시키는 것을 이해하게 될 것이다. 호흡과 코어의 참여를 연결하여 코어 운동을 향상시키는 호흡 기술을 배우게 된다.

운동을 시작하기 전에 간단한 지침에 따라 성공을 위해 스스로를 준비해야 한다. 퓨전 운동을 하는 중에 의도를 설정하고 당신의 생각을 집중하는 법을 배우게 되면 당신의 건강과 평안함을 조절할 수 있게 될 것이다. 마음이 어떻게 당신의 신체와 물리적인 시스템에 영향을 주어 최종적인 결과에 영향을 주는지에 대하여 감사함을 가지게 될 것이다.

1

퓨전 워크아웃이란?

(What Are Fusion Workouts?)

퓨전 운동은 적절한 신체를 만들어주고 힘을 키우며 신체 구성을 바꾸고 기분을 좋게 하는 흥미롭고 혁신적인 방법이다. 이 독특한 훈련 방법은 피트니스, 요가, 필라테스, 발레 등의 다양한 운동 형태를 최대한 적합하게 활용하여 효과적이고 도전적이며 재미있는 다양한 운동 프로그램을 제공하고 있다. 퓨전 운동의 혼합은 힘, 근육의 재발견, 지구력, 유연성 및 균형을 얻는 뚜렷하게 효율적인 방법이다. 그리고 운동의 조합이 끝이 없으므로 결코 지루하지 않다. 상쾌한 운동이나 회복 운동을 원할 때에도 퓨전 운동은 다양하게 적용할 수 있으며 일상적인 필요를 충족시킬 것이다.

퓨전 워크아웃은 당신의 경험, 체력 수준, 흥미 등에 상관없이 동기 부여가 되고 안전하며 효과가 높은 다양한 범위의 운동과 운동 계획을 제공해 주고 있다. 무엇보다 특별한 장비가 필요하지 않다. 바로 당신의 몸만 있으면 된다!

100가지가 넘는 운동 중에서 선택하는 간단한 시스템으로 완전한 운동을 만드는 방법을 배우게 될 것이다. 당신이 할 수 있는 운동 시간, 목표, 관심 분야 또는 운동 수준에 따라 혼합하고 적절하게 선택하여 당일 운동을 하거나 반복 계획된 운동을 따를 수 있다.

이 책은 운동 사진을 제공하고, 동작을 설명하고, 잘 디자인된 운동프로그램은 성공할 수 있도록 지식을 제공하고 있다. 각 운동 설명에는 간단하지만 효과적인 지침, 최대 결과를 얻기 위해 운동을 수행하는 방법을 보여주는 사진, 그리고 도움을 주는 조언이 포함되어 있다.

퓨전 워크아웃의 장점 (Benefits of Fusion Exercises)

퓨전 워크아웃에는 마음과 몸 컨디셔닝을 위한 완벽한 프로그램이 포함되어 있다. 요가, 필라테스, 피트니스 및 발레의 가장 적합한 조합에 의해서 퓨전 워크아웃은 신체 및 정신적 도전을 제공하는 마음의 음과 양, 신체 훈련과 감각의 평온함 그리고 회복력이 지닌 신체적, 정신적인 도전의 균형을 선사해 줄 것이다. 이 충격이 없는 부드러운 프로그램은 당신의 몸과 마음을 찾게 해주고, 강화하고, 회복시키고, 성장시킬 것이다.

퓨전 운동의 독특한 특징은 적응과 변화를 위해 몸을 단련시켜줄 수 있는 다양한 운동 순서이며, 놀라운 결과에 이르게 하여 더 가늘면서도 더 조각같은 신체를 만들어준다. 운동의 종류, 순서 및 운동의 강도를 자주 변경함으로써 신체가 지속적으로 자극을 받아 변화를 일으켜 시간이 지남에 따라 더 나은 결과를 만들어 낼 수 있다. 정기적으로 운동 코스를 변경하면 몸이 적응력을 유지하고 운동의 정체기를 피할 수 있음은 잘 알려져 있다.

기능 훈련은 피트니스 업계의 전문 용어이다. 좀 더 발전된 기능을 지향하는 운동은 일상생활을 하는데 쉽고 강하고 인내력있는 수행하는 능력을 만들어준다. 기능적으로 훈련시키는 가장 좋은 방법 중 하나는 중력에 대항하여 자신의 신체 움직임을 습득하는 것이다. 이것을 체중 부하 훈련이라고 한다. 퓨전 워크아웃(Fusion Workouts)은 일상생활을 위한 힘, 균형 및 유연성을 만들어주는 체중 부하 운동 프로그램이다.

퓨전 방법론은 최상의 결과를 얻기 위한 몸의 움직임을 마스터하는 방법을 알려준다. 퓨전 운동의 기초는 운동의 질이다. 운동 전문가는 최상의 결과를 얻기 위해서는 운동의 질이 필수적이라는 데 동의한다. 부족한 기술, 정렬 및 자세로 운동을 하면 관절에 과도한 스트레스를 주며 결국에는 긴장을 유발한다. 또한 원하는 훈련의 결과를 얻지 못할 위험이 있다. 어떤 활동과 마찬가지로 이상적인 정렬과 기술을 사용하여 운동을 잘 습득할수록 더 나은 결과를 얻을 수 있다.

퓨전 워크아웃에서 설명한 프로그램은 운동의 가장 큰 3가지의 장벽인 시간, 접근성 및 지루함을 극복하는 데 도움이 되도록 설계되었다.

시간 절약

퓨전 운동은 효율적이다. 한 번의 운동으로 요가, 필라테스, 피트니스 및 발레의 장점들을 얻을 수 있다. 당신은 매일 운동에 할당하는 시간을 조절할 수 있다. 운동 계획의 유연하게 하여 운동할 시간이 없다고 해서 운동을 건너 뛰지 않아도 된다. 간단하게 퓨전 5단계 스텝을 사용하여 20분 안에 효율적인 운동을 할 수 있다.

쉽게 접근하기

편리함은 피트니스 프로그램을 지속하는 데 중요한 요소이다. 집에서 하든, 체육관, 또는 휴가 중에, 당신은 근육의 강도, 안정성, 균형, 유연성, 지구력을 향상시킬 뿐만 아니라, 명상과 마음의 평화를 만들 수 있는 퓨전 운동 운동을 연습할 수 있다. 전문 장비나 경험이 없어도 퓨전운동은 당신에게 맞게 운동 계획을 세울 수 있다.

지루함 이기기

어떤 일이든지 너무 많이 하고 너무 오래하면 지루함을 느끼게 된다. 퓨전 운동의 이점은 당신이 원하는 만큼 다양하게 할 수 있다는 것이다. 퓨전 시스템은 피트니스 수준, 시간, 목적 그리고 활동에 따라 따라서 운동하기 쉬운 15가지 방법을 포함하여 운동 방법이 한 가지 이상 제공한다는 것이 특징이다. 당신은 결코 퓨전 운동을 하는 동안 지루하지 않을 것이다!

무엇보다도 퓨전 워크아웃은 당신이 선택한 운동에 따라 매일 할 수 있는 다양한 강도의 운동들의 폭넓은 선택을 제공해준다. 이 책에서는 퓨전 시스템을 사용하여 일일 및 주간 운동 계획을 설계하는 방법을 배우게 되고, 당신의 운동을 흥미있고 효과적으로 유지할 수 있다.

퓨전 워크아웃의 원리 (Princuples of Fusion Workouts)

퓨전 운동의 3가지 원칙은 정렬, 움직임 및 호흡이다. 3가지 원칙을 모두 포함하면 더 큰 자각으로 몸을 움직이는 법을 배움으로써 더 큰 결과를 얻을 수 있다. 이 원칙들을 연습함으로써, 수행하는 각 운동에서 더 많은 혜택을 얻을 수 있다.

정렬

신체는 당신이 이상적인 힘과 목적으로 편안하고 쉽게 움직일 수 있게 해주는, 이상적인 정렬과 자세를 가지고 있다. 뼈, 관절, 결합 조직 및 근육이 대칭을 이룰 때 신체는 균형이 이루어진다. 그러나 긴장, 운동의 부족, 약화, 좋지 못한 습관, 삶의 모습, 통증 또는 부상의 결과로 몸의정렬이 빈번하게 평형에서 벗어나게 된다. 원인이 무엇이든 운동 중에 이상적인 정렬과 적절한 자세를 찾는 것이 운동 결과를 향상시키고 긴장감을 줄이며 궁극적으로 기능을 향상시켜 준다. 퓨전 운동은 약한 경향이 있는 근육을 강화하고 긴장감이 있는 근육을 늘려 주어 올바른 자세를 얻는데 도움이 된다. 각 퓨전 운동을 위한 최상의 정렬은 4장에서 7장까지의 설명에서 설명하고 있다. 보다 도전적인 어려운 운동을

퓨전 실행의 통합

퓨전 운동은 요가, 필라테스, 피트니스 및 발레와 같은 다양한 운동 영역을 통합하여 균형 잡힌 전체 체형 조절 운동을 제공해주는 이점이 있다.

요가

요가 자세는 강도, 균형, 이동성 및 안정성을 높이기 위해 특별히 선택되었다. 요가의 중심에 있는 통제력, 집중력 및 마음가짐은 각 자세의 장점을 향상시켜 준다.

필라테스

필라테스는 신체 인식과 코어 조절에 중점을 둔다. 필라테스 근본은 운동의 질, 호흡 조절, 몸의 정렬을 통해 보다 강한 코어와 자세를 유지하는데 있다.

피트니스

피트니스 컨디셔닝 및 유연성 운동은 요가 자세 및 필라테스 운동을 보완한다. 이는 강하고 몸매가 좋은 체격을 달성하기 위한 훈련의 장점을 통해 전반적으로 균형을 잡게 해준다.

발레

발레란 워밍업 중 발레 댄서들이 사용하는 발레 핸드레일을 뜻한다. 여기 운동 중 어느 것도 발레를 잡아서는 안되며, 댄서들처럼 동작을 우아하게 하기 위해 노력하며, 키를 크게 한 자세를 유지하며, 운동을 쉽고 정확하게 해야 한다. 운동은 하나에서 다른 운동으로 이어져야 한다.

이러한 운동은 심박수를 높이고 전반적인 난이도를 점점 높여 준다. 이러한 각 연습 내에서 반복, 템포 및 운동 선택을 변경하여 운동을 활발하게 하거나 진정시킬 수 있다. 이러한 각 운동을 하나의 워크아웃으로 결합하면 각 운동이 제공하는 최상의 결과를 얻을 수 있다. 이것이 퓨전 운동의 아름다움이다.

수행하기 전에 정렬과 움직임의 질을 습득하는 데 집중해야 하는 것 기억해야 한다.

운동

운동의 효과를 극대화하려면 결과를 신속히 처리할 수 있는 적절한 기술을 사용하여 운동을 수행해야 한다. 운동 중에 몸이 올바르게 정렬되고 운동 패턴이 정확하면 더 강력한 기능적인 수행을 할 수 있는 몸의 상태로 만들어준다. 운동은 도전적이어야 하지만 부상은 없어야 한다. 통증이 없는 운동 범위를 통해 다음 단계로 발전해 나가는 것이 성공을 위해서 필수적이다. 처음에는 운동을 전체 범위에서 수행하기 어려울 수 있지만 연습을 하면 운동이 더 쉬워지고 다음 과제를 수행할 수 있다. 퓨전 운동에 대한 설명은 변화와 발전을 제공하므로 필요에 맞는 집중력과 수정해야 할 운동을 찾을 수 있다.

호흡

적절한 호흡은 운동과 일상생활 활동 중에 통제력과 운동성을 향상시키는 데 도움이 된다. 호흡 기술은 신경계 반응을 변화시키고 필요할 때 힘을 증가시키며, 코어를 활성화시키거나, 긴장을 풀어준다. 사려 깊은 호흡 기술은 운동의 결과를 바꾸어 당신에게 활력을 주고 마음을 집중시켜주고 이완할 수 있게 해준다. 퓨전 호흡 기술을 통해 호흡과 움직임이 연결되는 방법과 운동 중에 어떻게 호흡을 효과적으로 사용하여 더 좋은 결과를 만들어내는지 알 수 있다.

퓨전 5단계 시스템 (Fusion Five-Step System)

이 책의 모든 퓨전 연습은 퓨전 5단계 시스템을 따른다. 각 단계에서 당신은 끝없는 가능성으로 여러 운동을 구축하기 위해 일련의 연습과정과 요가 자세를 배우게 된다. 각각의 5단계는 안전하고 효과적이며 보람있는 운동을 통해 당신을 발전시켜 주며 원하는 결과를 얻기 위한 목적을 가지고 있다. 모든 운동은 의도와 함께 시작하며 먼저 준비 운동을 하고 선 자세나 바닥에서의 힘, 균형, 코어 및 유연성 운동으로 이어진다. 운동은 몸과 마음을 진정시키면서 마치게 된다.

1 단계 : 의지

운동을 위한 퓨전 5단계 시스템은 의도에 의해 시작된다. 행동이나 원하는 결과에 의해 결정한 의도를 결심한다. 운동의 목적과 초점을 정한다. 운동을 시작하기 전에 매일 운동을 통해서 당신이 성취하기를 원하는 것을 생각하고, 운동을 하기 전에 당신의 의도를 결정하는 것은 결과를 향상시켜 준다. 의도를 세우는 것은 운동에 마음을 가져갈 수 있는 간단한 방법이다. 당신의 의도에 집중하는 것은 당신의 필요와 정신 상태에 따라 다양해질 것이다.

2 단계 : 워밍업

퓨전 5단계 시스템의 두 번째 단계는 실제 운동을 위한 신체 준비를 준비하기 위해 워밍업을 하는 것이다. 퓨전 운동의 워밍업은 움직임과 신체 자세의 다양한 면의 동작 범위로 이르게 하고, 운동 강도의 대부분은 실제 운동보다 더 약하다. 워밍업이 끝날 때까지, 심박수와 체온이 상승하고, 근육과 관절이 부드러워지며, 신경계가 작동하여 조정과 수행능력이 향상된 상태로 바뀌게 된다.

워밍업 시간은 퓨전 운동에서 수행하게 될 운동의 강도와 종류에 따라 다양하다. 일반적으로 운동강도가 높을수록, 몸을 따뜻하게 하는 데 걸리는 시간이 길어진다. 고강도 퓨전운동의 경우 워밍업은 적어도 5~10분 동안 지속되어야 한다.

워밍업 시간과 워밍업 중 운동 속도는 당신의 의도에 따라 다양하다. 고강도 운동을 위해서는 움직임의 전체 범위의 움직임을 통한 동작으로 천천히 시작하고, 진행하면서 템포를 증가시킨다. 회복이나 완화를 위한 운동을 위한 워밍업은 짧을 수 있으며 템포는 전반적으로 느리게 하여 운동을 하는 동안 이완되게 한다.

하루 중의 시간대는 워밍업에 필요한 시간에 영향을 준다. 일반적으로, 아침에는 몸이 더 뻣뻣하게 느껴지므로 운동 준비에 더 많은 시간이 필요할 것이다. 나중에는, 몸이 따뜻하기 때문에, 워밍업이 짧고 빠를 수도 있다.

워밍업에서 가장 중요한 요소는 당신이 어떻게 느끼는지를 생각하는 것이다. 신체적, 정신적으로 당신이 어떻게 느끼는지가 얼마나 오랫동안 얼마나 강하게 워밍업을 해야 할 것인지를 결정해 준다. 이전 운동에서 몸이 뻣뻣함을 느꼈다면, 몸을 예열하는데 더 많은 시간이 필요할 것이다. 운동하고 싶은 생각이 없을 때는, 자연스럽고 쉬운 운동으로 강도를 올려주어 운동을 할 수 있도록 만들어준다. 워밍업을 하는데 더 많은 시간이 필요하다고 느끼면, 필요한 만큼의 시간을 해준다. 워밍업은 아무런 해가 없기 때문이다. 퓨전 워밍업 운동과 기술적인 면은 4장에서 자세하게 다루어보기로 한다.

3 단계 : 서기 운동

퓨전 5단계 시스템의 세 번째 단계는 서 있는 자세 운동이며, 힘, 균형, 안정성 및 유연성을 개발해준다. 선 자세 운동은 양 발이나(예: 스쿼트 자세) 한 발로 균형을 잡는 서있는 자세로 수행 한다(예 : 한 다리 균형). 서있는 자세 운동은 일반적으로 다른 운동보다 에너지를 많이 필요로 하고 강력하여, 퓨전 운동에서 먼저 수행하는 것이 피곤을 느끼기 전에 운동을 잘 할 수 있게 해준다. 서있는 자세 운동은 5장에 자세히 설명되어 있으며, 기본 운동 (예: 피트니스 런지)에서 다양한 운동(예: 요가의 초승달 런지)의 변화에 이르기까지 진행될 수 있는 방법으로 구성되어 있다.

반복 횟수, 선택한 운동 조합, 또는 운동 기간에 따라, 운동할 수 있거나 심혈관 시스템에 따라 운동을 증가시킬 수 있다. 이 섹션의 각 운동은 운동을 수행하기 위해 권장되는 반복 횟수 또는 권장 시간을 제안하고 있다. 당신에게 적합한 것이 무엇인지를 결정하고 힘, 기술 및 체력이 축적됨에 따라서 진행시켜 준다.

4 단계 : 마루 운동

퓨전 5단계 시스템의 네 번째 단계는 마루에서 무릎을 꿇고, 플랭크 자세, 앉아 있거나, 앞으로 누워 있거나, 뒤로 누워 있는 신체 자세로 수행되는 운동이다. 이러한 운동은 코어와 상체에 대한 고난도의 훈련을 제공하고 유연성을 통합시켜 준다. 마루 운동은 6장에 나와 있으며 몸의 자세에 따라 모아져 있고, 한 운동에서 다음 운동으로 쉽게 옮겨갈 수 있으며, 더 큰 도전을 위한 운동들로 서로 연결되어 있다.

반복 횟수, 선택한 운동 조합, 또는 운동 기간에 따라, 운동할 수 있거나 심혈관 시스템에 따라 운동을 증가시킬 수 있다. 이 섹션의 각 운동은 운동을 수행하기 위해 권장되는 반복 횟수 또는 권장 시간을 제안하고 있다. 당신에게 적합한 것이 무엇인지를 결정하고 힘, 기술 및 체력이 축적됨에 따라서 진행시켜 준다.

5 단계 : 회복

퓨전 5단계 시스템의 마지막 단계는 운동을 마친 후에 정신과 신체를 회복, 젊게 해주고, 활력을 주는 운동이다. 이 운동은 제 7장에 소개되어 있으며 천천히, 통제되고, 본래의 상태로 회복시켜 주며 스트레칭, 이완 및 휴식에 중점을 둔다. 이 단계는 운동을 하기 전에 신체를 워밍업 하는 것만큼 중요하다. 완전한 운동을 위해, 신체가 운동으로부터 회복하기 위해 시간이 필요하므로 이 단계를 건너뛰지 말아야 한다.

퓨전 5단계 시스템의 각 단계는 최상의 결과를 얻는 데 필수적이다. 운동을 계획할 때는 완전하고 효과적이며 안전한 운동을 위해 5단계의 운동을 모두 포함해야 한다. 퓨전 운동 시스템의 구성 요소를 이해하면 운동 경험과 결과가 향상된다.

이 책의 내용으로 운동을 진행하다 보면, 퓨전 운동의 3가지 핵심 원칙인 정렬, 움직임 및 호흡을 기억하게 될 것이다. 일상적인 운동에서 이러한 원칙들을 연습해 보자.
퓨전 운동 5단계 시스템은 당신의 운동을 따라 하기 쉬운 구조를 제공한다. 항상 의도로 시작한 후 워밍업을 한다; 마루 운동에서 이어지는 선 자세 운동을 수행하고, 회복 운동 시리즈로 마무리하는 것으로 당신의 운동을 완수해준다.

2

시작하기

(Getting Started)

규칙적인 운동 프로그램을 시작하거나 꾸준히 하는 것은 꽤 도전적인 어려운 일이다. 좋은 의도가 있음에도 마음이 산만해지는 경우도 많고 헌신적으로 해야 하므로 적응하고 유지하기가 어려울 수 있다. 이 장에서는 운동 세션을 최대한 활용하는 방법, 성공을 위해 준비하고 시간을 효율적으로 사용하는 방법을 배우게 된다. 운동에 더 많은 시간을 투자하는 것만으로도 장기적인 성공에 대한 해답이 아니다. 운동의 질이 양보다 중요하다. 코어 컨디셔닝에 대한 최신 정보와 어떻게 하면 모든 퓨전 연습에서 호흡 기술이 코어를 성공적으로 자극하는데 효과적인지에 대해 알아본다. 현대의 코어 훈련 방법은 단순히 복부 근육을 강화하여 근력을 향상시키는 것 이상으로 발전했다. 실제로, 복부 크런치(윗몸일으키기)는 당신의 코어를 훈련하는 가장 효과적인 방법이 아니다. 퓨전 워크아웃 방법에서는 효과적인 코어 중심의 다양한 운동으로 코어를 활발하게 작동하게 하는지와 호흡 운동이 더 좋은 결과를 위해서 코어 훈련 방법을 높여주는지를 학습하게 된다.

코어 컨디셔닝의 이해 (Understanding Core Conditioning)

퓨전 운동을 시작하기 전에 가장 효과적인 코어의 상태를 만들어내는 방법과 호흡 기술이 코어 교육의 이점을 어떻게 향상시킬 수 있는지 이해하는 것이 중요하다. 코어 기능이 최소한의 시간으로 최고의 결과를 얻을 수 있도록 도와주는 방법을 배워본다.

자세와 코어 조절은 상호 관련되어 있다. 코어의 기능을 이해하고 운동할 때에 그 지식을 효과적으로 사용하여 당신이 하는 모든 일에 적용하고 당신의 모습을 변화시킬 수 있다. 자신을 어떻게 관리하느냐에 따라서 다른 사람들과 비언어적인 대화를 나눌 수 있다.
당신이 자신을 크게 성장시킬 때, 자신감의 분위기를 만들어낼 수 있다. 자신을 크게 하고 잘 움직이는 능력은 신체의 핵심 기능과 관련이 있다.

일상생활과 운동 중에도 기능이 뛰어난 코어로 매일 활동과 운동을 더 쉽게 할 수 있다. 그러나 코어를 이해하기 위해서는 훈련 방법에 대한 오래된 생각을 버려야 할 수도 있다. 사실, 코어 컨디셔닝을 위한 오랫동안 운동을 해온 복부 크런치(윗몸일으키기)는 사실상 가장 효과적인 운동 중 하나이기도 하다. 코어가 복부 근육 이상이라는 것을 이해하면서 시작해보자. 코어는 어깨관절와 엉덩관절을 포함하며, 몸통을 지지하는 모든 근육이다. 코어의 근육은 얽혀져 있으며 어깨와 다리의 근육과 통합된다. 코어의 고난도의 기능을 위해서는 3차원으로 코어를 트레이닝하고 상체, 몸의 중심 및 하체에 대한 연습을 포함해야 한다. 퓨전 워크아웃을 위한 코어 컨디셔닝의 복잡성을 단순화하기 위해
상부 코어, 중앙 코어 및 하부 코어의 3가지 그룹으로 코어를 살펴 본다.

상부 코어

상부 코어는 가슴과 앞쪽의 근육 (그림 2.1a 참조)과 어깨의 뒤쪽과 뒤쪽의 근육으로 구성된다 (그림 2.1b 참조). 특히 등 상부의 근육은 약해지는 경향이 있는데, 어깨와 상부 척추가 굽은 등이

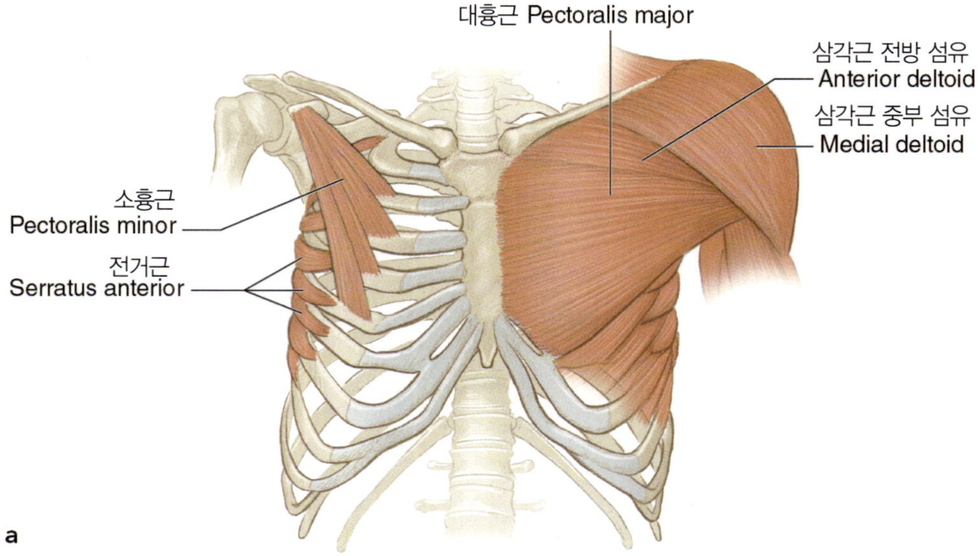

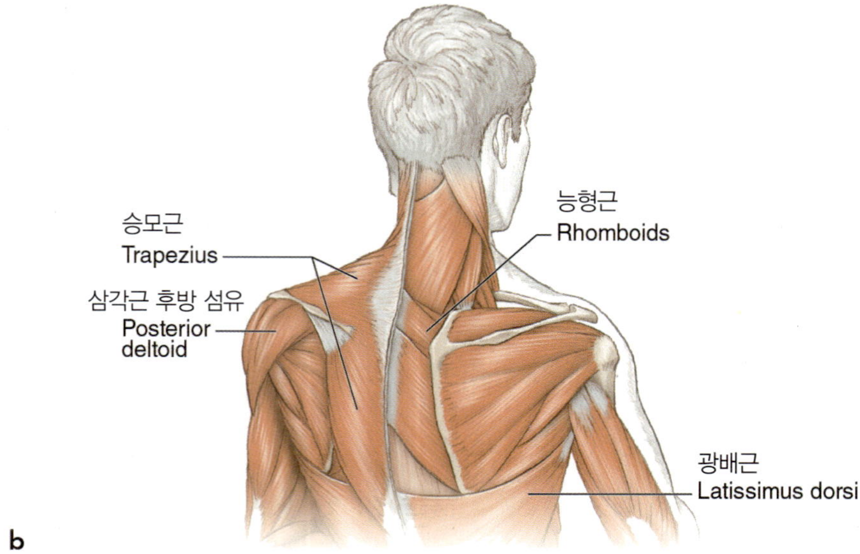

그림 2.1 상부 코어 근육: (a) 가슴과 어깨 앞쪽 (b) 등 상부와 어깨 뒤쪽

되기 때문이다. 이 자세는 매력적이지 않을뿐만 아니라, 등 상부 근육의 여러 문제를 일으키고 코어의 기능을 저하시킨다.

등 상부가 움츠린 위치로 움직일 때, 복부 근육을 활성화시키는 것이 어려워지고, 등 근육은 이 자세에서 – 척추와 어깨관절–을 지지해주어야 하기에 긴장하게 된다. 자세의 차이를 느껴 보려면, 다음을 시도해보자: 앉아있는 자세에서 등 상부를 구부정하게 만들고 복부에 자동으로 일어나는 반응을 확인한다. 복벽이 바깥쪽으로 부풀려지고 근육이 활동하지 않게 된다. 이제 상체가 들어 올려서 높이 앉아서 일어나는 변화를 확인해보자. 복부는 길이가 길어지고 안쪽으로 움직이며, 복부 벽을 수축하거나 또는 끌어당기는 것이 더 쉬워진다.

a b

그림 2.2 상부 코어의 잘못된 자세 정렬 (a) 뒤에서 본 모습 (b) 옆에서 본 모습

퓨전 운동은 상부 코어의 근육을 강화시키고 전반적인 코어 조절을 증가시킨다. 책의 뒷부분에 있는 운동 설명에 나와 있는 정렬 기술을 특히 주의깊게 살펴봐야 한다.

상체의 올바른 자세를 찾으려면, 키가 큰 자세를 취하고 등의 상부를 의식해야 한다. 어깨를 뒤로 젖히고 손바닥을 앞으로 돌려본다. 어깨를 뒤로 젖힌 상태를 유지하고, 동시에 어깨뼈를 등의 중심쪽으로 부드럽게 당겨준다. 이 강한 상부 코어 자세를 유지하기 위해서는 등 상부근육이 일하는 것을 느껴야 한다. 상부 코어의 나쁜 자세의 예는 그림 2.2a와 b를 참조하고, 좋은 자세의 예는 그림 2.3a 및 b를 참조한다.

a b

그림 2.3 상부 코어의 올바른 자세 정렬 (a) 뒤에서 본 모습 (b) 옆에서 본 모습

중심 코어

코어의 근육은 층을 이룬다. 가장 깊은 코어 근육은 횡격막, 배가로근, 배빗근, 척추 근육 그리고 골반 바닥의 근육으로 이루어져 있다 (그림 2.4a–d 참조). 이 근육 군은 신체의 코어를 안정화시키고, 척추의 구조를 지원하는데 중요한 역할을 한다. 허리의 긴장을 줄이는데 있어서는, 이 심부 근육을 훈련하는 것이 중요하다.

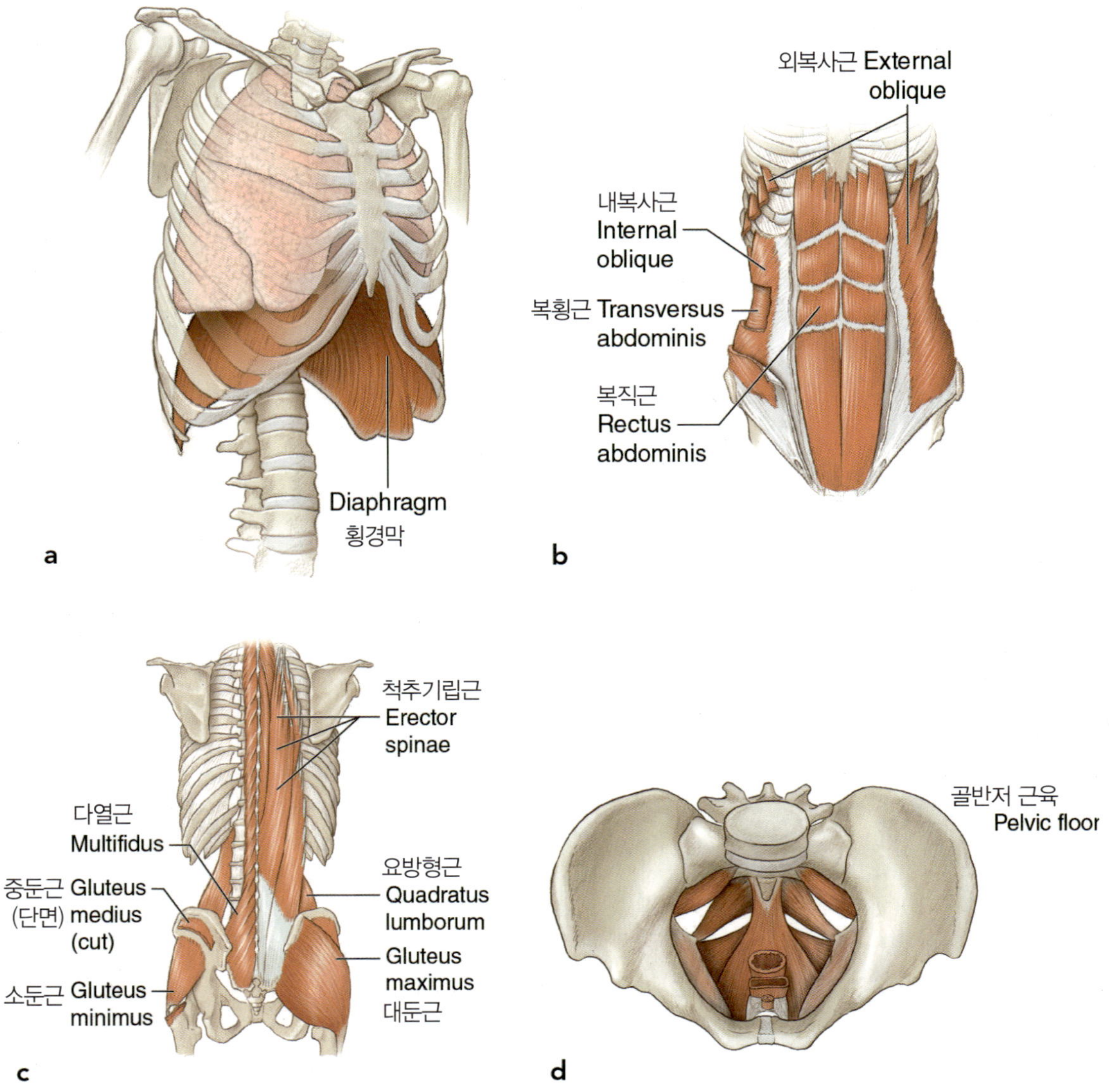

그림 2.4 중심 코어 근육 (a) 횡경막 (b) 복횡근, 복직근, 복사근 (c) 척추 기립근 (d) 골반저 근육.

중심 코어는 파워 센터로 생각할 수 있다. 중심 코어가 강하면, 코어에서 모든 움직임에 힘 또는 근육 힘을 만들 수 있다. 골프 스윙을 생각해보자. 롱 드라이브를 할 수 있는 힘은 팔보다는 코어에서 나온다. 그러나, 현대 문명의 의식주의 편안함에 의지한 나쁜 자세와 활동의 부족으로 중심 코어 근육이 약화될 수 있다. 그리고 오랜 기간 동안 앉아있는 자세는 상부 코어 운동의 초기에 나쁜 자세를 경험하기 위해 몸을 움츠렸을 때처럼 중심 코어가 분리된다. 중심 코어의 의도적인 훈련이 없이는, 이러한 근육은 약해지고 기능이 저하된다.

3D 호흡 기법

횡경막은 호흡 근육으로 간주된다; 해부학적인 위치와 복부 근육과의 관계로 인해, 그러나 횡경막은 중요한 깊은 코어 근육이다. 횡격막은 코어 안정성에 관여하고 효과적인 3D 호흡 기술을 통해 코어 근육 수축을 자극하고 궁극적으로 코어를 강화시켜 준다. 깊은 코어 근육을 활성화하기 위해 횡경막을 사용하는 방법을 배우려면 이 호흡 운동을 시도해본다. 편안하게, 앉은 자세로, 한 손을 가슴 위쪽에, 다른 한 손을 복부에 놓는다(그림 2.5 참조).

다음으로, 코를 통해 심호흡을 하고 가슴이 위로 올라가고 복부가 바깥쪽으로 움직이는 것을 느낀다(그림 2.6a 참조). 의도적으로 장기간, 느리게, 통제된 방식으로 코를 통해 숨을 내쉰다(그림 2.6b 참조). 호기의 느낌은 골반저 근육의 근육이 들어 올리기 시작한 후, 배근육이 횡경막을 향해 내측으로 그리고 위쪽으로 당겨준다. 당신이 숨을 내쉴 때 어떻게 이 긴장이 생겨나는지에 대하여 주목해야 한다. 이 호흡 패턴을 반복하면서, 코어 긴장을 풀어내며 흡입을 하는 것과 복부 긴장을 증가시키며 호기하는 것을 연결하는데 익숙해진다. 몸의 다른 부위는 긴장되지 않게 한다. 목이나 안면 근육 긴장 여부를 관찰한다. 다른 곳이 긴장하고 있다면, 당신은 너무 무리하게 노력하고 있다는 것이다. 호흡은 강하게 느껴져야 하지만 힘을 빼야 한다.

당신이 퓨전 운동 시리즈로 운동할 때, 이 코어 호흡 기술을 사용하는 것은 척추, 골반 및 갈비뼈를 안정화 시켜주는 깊은 코어 근육을 활성화시키는 것을 도와준다. 각 퓨전 운동은 호흡 패턴을 제안하고 있으며 앉아 있거나 서있는 자세로 수행할 수 있다.

그림 2.5 앉은 자세에서 실시하는 3D 호흡 기법의 시작 자세

a

b

그림 2.6 앉은 자세 3D 호흡 기법 (a) 흡기 (b) 호기.

하부 코어

하부 코어는 엉덩이와 골반의 근육으로 구성된다(그림 2.7a 및 b 참조). 중립 골반 정렬을 찾는 것은 허리와 엉덩이의 압력을 감소시킨다. 골반의 전방 경사, 골반의 후방 경사, 중립 정렬된 골반의 예는 그림 2.8a~c를 참조한다.

골반 바닥의 코어근육 같은 깊은 코어근육과 함께, 대둔근을 훈련하는 것이 중요하다. 복횡근, 골반저 근육 및 복사근을 포함하여 깊은 코어근육을 사용하는 방법을 이해하고 더 큰 표면 근육을 훈련하면, 결과적으로 조화는 강하게 통합된 코어 단위를 만들어준다. 대부분의 사람들에게서 가장 약한 경향이

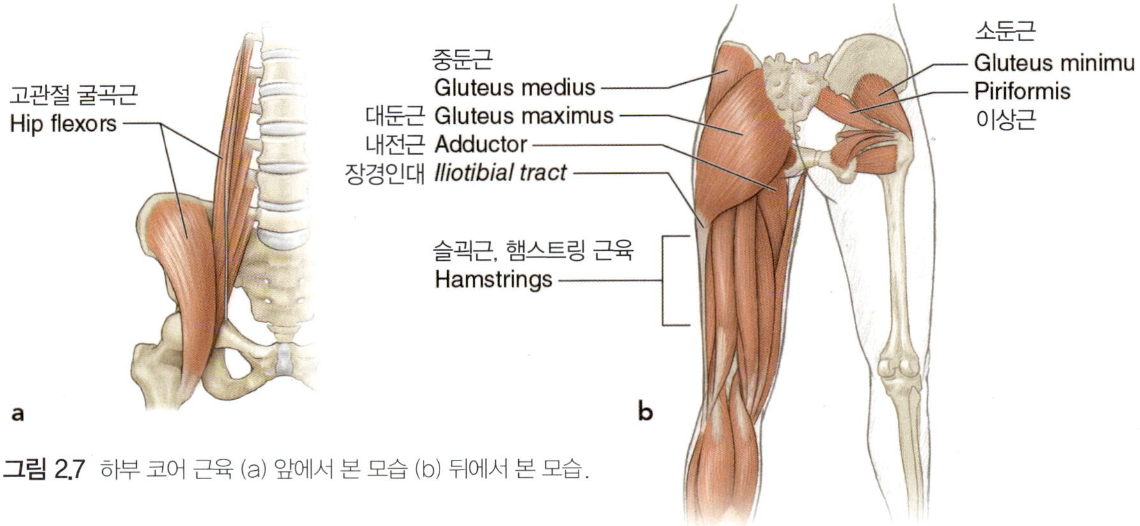

그림 2.7 하부 코어 근육 (a) 앞에서 본 모습 (b) 뒤에서 본 모습.

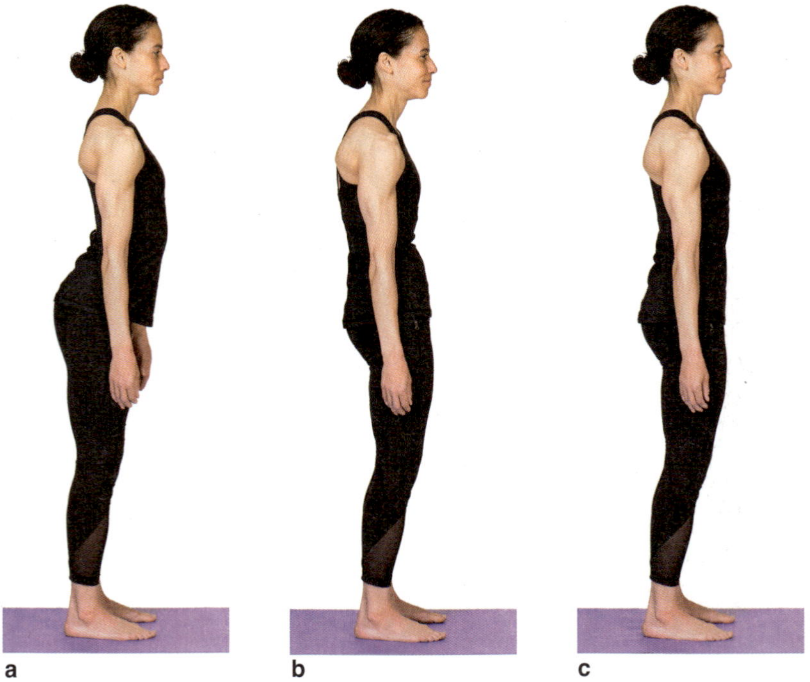

그림 2.8 하부 코어 정렬 (a) 전방 경사 (b) 후방 경사 (c) 바른 중립 자세

있는 하부 코어의 근육 그룹은 엉덩이 부분이다. 이 근육에 적절한 강도가 없으면 골반이 조절하기 어려워져 허리에 부담을 줄 수 있다.

강한 기능의 코어의 또 다른 초점은 엉덩이 주름이 있는 엉덩이 앞부분의 긴장을 이완하는 것이다. 이것은 엉덩이 굴근 근육 그룹이며, 이것은 종종 긴장하고 허리를 당겨서, 불편함을 증가시키며, 코어 조절기능을 감소시킨다. 퓨전 운동은 엉덩이를 통해 긴장을 줄이고 하부 코어의 강도를 증가시킨다.

퓨전 워크아웃을 위한 준비 (Preparing for Your Fusion Workout)

준비는 장기적인 성공을 위한 중요한 단계이다. 시작하기 전에 육체적으로나 정신적으로 자신을 준비하는 시간을 가진다. 준비에 소요된 시간은 가장 안전하고 효율적이며 가장 효과적인 퓨전 운동을 하는 데 중요하다. 다음 정보는 퓨전 운동을 준비하는 데 도움이 되는 지침을 제공한다.

건강관리 제공자와의 상담

시작하기 전에 건강관리 제공자와 상담하여 운동 준비가 되었는지 확인한다. 질병이나 부상 또는 임신 중이면 이 책의 연습 문제 중 일부가 적절하지 않을 수도 있다.

운동 프로그램을 시작하기 전이나 운동 프로그램을 시작을 계속 유지할 때 알아 두어야 할 건강상 위험에 대해 건강관리 제공자에게 문의한다. 허락을 받으면 시작할 준비가 된 것이다. 부상, 질병 및 일반적인 불편함을 수용할 수 있도록 수정된 프로그램이 프로그램 전체에 제공된다.

충분히 허용된 공간

운동을 준비하면서 안전하게 운동할 공간이 충분한 지 확인한다. 퓨전 운동 프로그램의 대부분의 운동은 요가 매트 공간에서 할 수 있다; 그러나 다리와 팔을 옆, 앞, 뒤로 움직일 수 있는 크기의 공간이 필요하다.

편안한 복장 착용

운동을 제한하거나, 너무 꽉 끼이거나, 너무 느슨한 옷보다 운동할 때 더 불편한 것이 없다. 당신의 복장이 움직일 때 자유롭고 운동을 제한하지 않도록 한다. 신체를 잘 늘어나게 하는 페브릭 소재가 좋으며, 단추, 지퍼 및 굵은 스티치와 같은 최소한의 액세서리가 있는 것이 좋다.

여성의 경우 옷의 가장 좋은 선택은 짧거나 긴 길이의 운동용 타이즈, 운동용 탱크탑 및 스포츠용 브래지어이다. 남성의 경우, 피트니스 반바지와 민소매 또는 반투명 통기성 운동탑이 좋다. 이상적으로, 퓨전 운동은 맨발로 이루어진다; 그러나 발지지가 필요한 경우 편안한 운동화를 착용해도 좋다.

운동 전과 운동 후 음식

운동하기 전에 건강에 좋은 식사나 간식을 먹어야 한다. 얼마를 먹고 무엇을 먹는지는 당신에게 달려 있으며 몇 가지 요인에 고려해야 한다. 대부분의 사람들은 식사를 소화하기 위해 1~ 2시간이 필요하다. 쉽게 소화되는 가벼운 간식은 불편함을 유발하지 않는 한 운동하기 한 시간 전에 먹을 수 있다. 운동 후 30분 이내에 탄수화물과 초콜릿 우유 같은 단백질을 혼합하여 재보충한다. 운동 중 수분공급이 가능하고 수분을 유지하기 위해 자주 마셔야 한다.

장비 모음 (Gathering Equipment)

퓨전 운동은 최소한의 장비를 사용하므로 어디서나 쉽게 할 수 있다. 퓨전 운동을 시작하기 전에 요가 매트를 구입한다. 요가 매트는 바닥에 달라붙도록 설계되어, 이러한 유형의 훈련을 위한 안전한 환경을 제공한다. 쿠션이 더 필요하다고 생각되면 불편함을 느끼는 신체를 지탱하도록 매트를 두 장 겹쳐 올린다. 도움을 주는 장비이면서 4장에서 7장까지의 퓨전 운동의 옵션과 변형에 사용되는 다른 장비는 요가 블록, 요가 벨트와 견고한 의자이다.

안전하게 연습하기 (Practicing Safely)

어느 운동 프로그램이든 가장 중요한 고려 사항은 안전하게 훈련하고 부상을 피하는 것이다. 다음은 운동을 시작할 때 명심해야 할 몇 가지 팁이다.

- **적절한 강도 선택** 퓨전 운동은 다양한 운동 형식과 운동 선택을 제공하여 운동을 개별적으로 할 수 있는 기회를 제공한다. 운동 강도를 결정할 때, 호흡수에 주의를 기울인다. 호흡 곤란은 당신이 운동을 완화할 필요가 있음을 나타낸다. 강도 기반 운동을 수행할 때는 적절한 자세와 긴장없이 운동을 수행할 수 있는지 확인한다. 의심스러운 경우, 운동을 중지한다.
- **몸 상태 조절** 자신의 한계를 존중하고 통증을 느끼면서까지 자신을 밀어 붙이지 않는다. 무언가가 옳지 않다고 생각되면 운동 설명의 제안을 사용하여 불편함을 줄여주기 위해 약간 수정을 해준다.
- **통증없는 상태 유지** 통증이 없는 운동 범위 내에서 움직임을 유지한다. 관절 통증이 있으면 운동을 멈추거나 운동 범위를 제한하고 점차적으로 범위를 확대하기 위해 노력한다.
- **도전하기** 점차적으로 좀 더 어려운 운동을 함으로써 향상에 도전한다. 좀 더 향상된 운동이나 워크아웃을 할 준비가 되면, 반복 횟수를 줄이거나 시간을 줄이고 필요한 경우 휴식을 취한다.
- **규칙적으로 운동하기** 퓨전 운동은 매일 할 수 있다. 그러나 이전 운동에서 뻣뻣하고 아프다는 것을 알게 되면, 쉬운 운동을 선택하고 근력강화 운동보다 좀 더 많은 스트레칭을 계획한다.

코어 교육 방법을 이해하고 호흡과 코어가 어떻게 연결되는지를 이해하면 코어 조정이 향상된다. 퓨전 운동을 준비하고 이 장에 제공된 지침을 따르면 운동 목표를 효과적으로 수행하고 최상의 운동 경험과 운동 성공을 달성할 수 있다.

3

명상과 의지

(Mindfulness and Intention)

명상 및 당신의 의도를 설정하는 것은 퓨전 운동의 기본이다. 지속적인 결과와 변화는 정신, 신체 및 정신의 연결에서 오며, 그 방법은 운동 프로그램에 의미를 부여하는 것이다. 생각을 연결하고 생각이 행동에 어떻게 영향을 미치는지 인식하면 운동의 효과가 증가시켜 주고, 당신의 운동 루틴을 성취하게 한다.

명상 (Mindfulness)

명상은 마음의 인식이나 몸과 마음의 내적 감각으로 설명할 수 있다. 당신의 마음은 당신의 행동에 영향을 미치고 당신의 행동은 당신의 마음에 관여한다. 이 둘은 결코 분리되어 있지 않다. 당신의 생각은 당신의 행동을 지시한다. 당신의 행동은 당신의 생각에 영향을 준다. 의도를 설정하는 것과 운동 중에 주의 깊게 하는 방법을 배움으로써 인생에서 더 큰 성공, 즐거움, 일상생활에서 성취를 얻을 수 있다.

긍정적인 행동을 통한 긍정적인 사고

당신이 하는 말은 당신 자신에게 중요하다. 점점 더 많은 연구가 마음과 신체의 복잡한 관계와 생각이 어떻게 신체 기능이 변화시키는지를 제공한다. 마음이 스트레스를 받을 때, 몸에서는 스트레스를 받아서 취급할 수 있도록 모든 생리적인 시스템이 변화되어 반응한다. 심박수와 호흡 빈도의 증가와 같은 명백한 신호가 관찰될 수 있다. 그러나 훨씬 덜 명백한 증상은 혈압의 변화, 신경계의 활성화 및 스트레스에 대처하기 위한 스트레스 호르몬의 방출이다. 자기 의심이 있는 일에 접근할 때도 마찬가지이다; 마음은 우려와 의심으로 그 일을 맡을 수 있도록 몸을 준비할 것이다. 마음이 낙천주의와 힘의 장소에 세워질 때, 신체와 생리적 시스템이 당신에게 이 결과를 준비시켜 준다.

과거 경험은 학습된 패턴으로 반응하기 위해 뇌의 신경 경로가 확립되었기 때문에 작업에 어떻게 접근하는가에 영향을 미친다. 이러한 경로와 학습된 패턴을 변경하려면 의식적인 노력이 필요하다. 그것은 오직 당신이 원하는 방향으로 움직일 수 있도록 뇌와 신경 시스템을 재배선할 수 있는 지속적인 헌신과 실행에 의해서만 가능하다. 사고에 대한 의식은 의식이라고 한다. 의식을 개발하기 위해서는 먼저 마음과 몸을 진정시키는 법을 배워야 하며, 계속해서 마음에 넘쳐 울리는 사고의 소리를 들어야 한다.

대화를 인식하고 생각의 방향을 전환하는 연습 방법은 운동에 어떻게 접근할 것인가와 운동의 결과에 영향을 준다. 당신의 의도를 설정하고 쉽고 효과적인 호흡 훈련, 진보적인 이완, 간단한 명상을 연습하는 방법을 배우면 마음을 훈련시키고 최선의 결과를 얻을 수 있다. 이러한 운동은 마음과 몸을 이완하게 해주어, 원하지 않는 생각 패턴을 새로운 사고를 할 수 있도록 도와준다.

명상 실행 시 고려사항

퓨전 워크아웃에서 경험, 만족도 및 결과를 향상시키기 위한 마음가짐을 연습한다. 단순히 운동에 시간을 할애하기 보다는 운동에서 어떻게 느껴지는지, 운동을 하는 방식, 생각이 힘과 격려를 주고 있는지를 인식하면서 연습한다.

명상이 활용될 수 있도록 배우고 실행하는 3개의 쉬운 기술은 호흡 운동, 진보적인 이완 및 명상이다. 이 기술들은 퓨전 운동에서 독립적으로나 운동과 함께 연습할 수 있다.

호흡법

모든 주의 의식적인 연습의 기본은 호흡을 인식하는 것에 있다. 당신이 숨을 쉬는 방법은 당신 삶의 모든 면에 영향을 미친다. 호흡은 생명이다; 이것 없이는 생존할 수 없다. 그러나 사람들은 이것을 당연한 것으로 여기며 호흡이 신체가 어떻게 작용하는지에 대해 종종 알지 못한다.

호흡을 들이마시면 산소가 공급된 공기를 몸 안으로, 뇌, 기관 및 근육에 산소를 공급한다. 호흡을 내쉬면 사용된 공기, 폐기물 및 부산물을 배출하여, 호흡의 지속적인 흐름을 통해 몸을 보충해준다.

폐는 흉부에 위치하고 갈비뼈로 보호된다. 폐의 2엽은 자루와 같고 오른쪽은 왼쪽보다 약간 크다. 횡격막은 복부에서 가슴을 분리하는 근육막이다(그림 2.4에서 폐와 횡격막을 보여주는 그림 참조). 당신이 호흡을 들이마시면, 폐가 가득 차고 횡경막의 돔은 갈비뼈의 측면, 뒤 그리고 정면으로 폐를

퓨전 워크아웃을 위한 긍정적인 자기 암시

자신의 실천에 긍정적인 생각을 떠올린다. 강력한 단어나 구가 당신이 원하는 방향으로 당신의 생각을 집중시켜줄 것이다. 만트라처럼 이 단어들을 반복하는 것은 마음에 영향을 미치는 도구이다. 자신만의 문구를 만들거나 다음 제안 사항 중 일부를 사용할 수 있다.

나는 강하다.
이것은 나의 시작이다.
나는 나 자신을 믿는다.
나는 이것을 할 수 있다.
나는 능력이 있다.
나는 무한하다.
내 생각이 바뀌면 결과가 바뀐다.

확장시키면서 수축하고 편평해진다. 호흡을 내쉴 때에는, 횡경막이 이완되어, 복근이 안쪽으로 수축되고 폐가 공기를 배출하면서 돔 모양으로 돌아간다. 폐, 횡격막 및 복부 근육의 이러한 작용은 코어의 효과적인 기능과 코어로부터의 모든 움직임을 위해 중요하다.

피트니스, 요가, 필라테스, 춤 등 모든 운동에서 호흡은 모든 움직임의 기본이자 연결 고리이다. 호흡 기술은 다음을 수행하는데 사용될 수 있다.

- 내부적으로 집중력과 인지도 높여준다.
- 움직임과 관련된 감각이나 느낌을 만들어준다.
- 활동의 요구를 충족시키기 위해 산소 교환을 증가시킨다.
- 코어에서의 강도와 안정성을 만들어준다.
- 평온함과 밝기감을 높여준다.
- 마음과 몸을 편안하게 이완시켜준다.

피트니스, 요가, 필라테스, 댄스 등 특정한 목적으로 다양한 호흡 기술이 사용된다. 피트니스 운동에서는 운동에 대해 숨을 내쉬고 회복에 대해 숨을 내 쉬는 법을 배운다. 필라테스는 강한 호흡을 사용하여 핵심 근육을 활성화시킨다. 요가에서 호흡은 신체의 자연스러운 움직임, 호흡을 들이면서 몸을 열고 척추를 들어 올려주고, 호흡을 내쉬면서 몸을 닫고 척추를 굽히는 동작과 관련되어 있다. 춤에서 호흡은 숨을 들이마시면서 강한 자세와 숨을 내쉬면서 원치 않는 긴장을 이완하면서 몸의 중심을 찾는데 사용된다. 이 모든 기술의 기초에는 호흡이 운동, 안정성, 힘 및 목적에 미치는 영향에 대한 인식이 있다.

퓨전 운동에서는 휘트니스, 요가, 필라테스, 댄스 등의 호흡 작업에서 오는 특정 호흡 기술을 연습한다. 퓨전 운동에 사용되는 호흡 방법은 각 호흡법의 호흡 기술을 결합하고 쉽게 학습할 수 있는 3D 호흡 기술이다. 완전한 흡기와 호기는 마음과 몸을 활력있게 한다. 퓨전 운동을 수행할 때 3D 호흡 기술을 사용하여 운동의 이로운 효과를 향상시킨다. 일반적으로 강한 호기는 힘을 줄 것이며, 길고 느린 호기는 이완이나 스트레칭을 깊게 해주는 것을 도와준다. 흡기는 전방, 외측 및 후방 폐를 채우고 호기는 코어와 횡격막에 관여한다. 이 기술은 좀 더 많은 공기 교환과 성능과 외관을 향상시키기 위해 코어 근육을 활성화하기 위해 더 많은 폐를 사용함으로써 호흡의 잠재력을 최대한 발휘한다.

3D 호흡법을 실행하려면 다음 단계를 수행한다:

1. 키가 큰 앉은 자세 또는 서있는 자세로 손을 옆구리에 놓는다. 엄지손가락이 뒤로 닿고 손가락이 흉곽 앞쪽으로 펴진다.
2. 길고 충분한 흡기를 하고 손 아래의 흉곽의 확장을 느껴본다(그림 3.1a 참조). 흉곽의 측면, 앞, 뒤쪽으로 숨을 들이 마신다.
3. 배꼽을 횡경막 쪽으로 안쪽으로 위쪽으로 움직여 숨을 내쉬기 시작한다(그림 3.1b 참조). 당신이 호흡을 완료할 때 깊은 복부 근육의 수축을 느끼는 것을 계속한다.

a

b

그림 3.1 3D 호흡기법: (a) 흡기 (b) 호기.

4. 깊고 완전하게, 숨을 들이마시는 것을 반복한다. 숨을 내쉴 때, 적극적으로 숨을 쉬는 코어 근육의 더 큰 감각을 만들어 내는지 본다.
5. 흡기 및 호기의 10 사이클 동안 몸의 다른 부분에 긴장을 일으키지 않고 이 호흡 패턴을 반복한다.

호흡 인지하기

정상적인 호흡과 호흡 방법에 대한 자각이 되면 시작한다. 잠시 동안 정상적인 호흡 패턴과 좀 더 깊은 호흡을 가하는 방법. 그리고 호흡을 관찰하는 것이 이 집중력과 이완을 배우는 데 도움이 될 것이다. 조용히 앉는 시간을 내어 호흡이 당신의 몸에 존재하고 내면을 바라보는 데 도움이 되는 것을 관찰한다. 하루 중 스트레스를 받는 언제라도 또는 퓨전 운동의 시작 또는 끝에서 자신을 집중할 수 있도록 호흡인식 운동으로 돌아온다.

1. 편안하게 앉은 자세로, 코를 통해 숨을 들이 마시고 내쉬면서, 신체에서 호흡의 움직임의 감각이 어디에서 일어나는지를 감지한다.
2. 숨의 깊이를 확인한다.
3. 흡기 및 호기의 길이를 관찰한다.
4. 깊은 흡기와 길고 느린 호기를 관찰한다. 호흡의 리듬과 깊이를 변경하면서, 기분이 어떻게 변하는지 확인한다.
5. 2~3분 동안 계속 깊게 숨을 쉰다.

점진적인 이완

점진적인 이완은 몸에 원치 않는 긴장을 풀어주는 적극적인 방법이다. 이 기술은 언제 어디서나 스트레스를 풀어주고 평온함을 회복하는데 도움이 될 수 있다. 퓨전 운동을 시작하기 전이나 끝낼 때 일련의 점진적인 이완 운동을 경험할 수 있다.

이 이완 방법은 불안감을 느끼고 긴장을 풀어줄 때 유용하다. 건강(웰빙)의 감각을 되찾기 위해 이 간단한 운동을 해본다.

1. 서 있거나, 앉거나, 누워있는 자세에서 몸 전체의 근육을 긴장시키는 것으로 시작한다. 주먹을 쥐고 짜내고, 어깨와 얼굴 근육, 코어, 엉덩이 및 다리를 긴장시킨다.
2. 5~6초 동안 숨을 들이 마시고 유지한다.
3 숨을 내쉬면서 이완을 하고, 당신이 유지하고 남은 긴장이 얼마이든 긴장을 풀어준다.
4. 5~10번 반복한다. 마지막 반복에서, 평상 시의 편안한 리듬으로 쉬는 것이 좋다.

간단한 명상

명상은 사고, 반응 및 행동에 대한 인식을 통해 마음을 만들어내는 기술이다. 명상은 하루 중 언제든지 할 수 있으며 조용히 앉아서 행동이나 정서적인 집착없이 생각을 관찰하는 것 같이 복잡하지 않을 수도 있다. 퓨전 워크아웃의 안내에 따라서 산만한 마음을 맑게 하여 집중력, 긍정적인 생각, 의도 등을 학습한다. 여기에 설명된 간단한 명상 기술을 연습하는 걸로 시작해본다.

1. 편안하고 편한 자세로 앉는다. 앉기가 불편하다면, 등을 벽에 대고 있거나, 등에 대고 눕는다.
2. 타이머를 설정하고 5분으로 시작한다. 더 자주 연습하면 30분으로 연장할 수 있다.
3. 눈을 감고 숨을 들이 마시고 내쉬는 것에 주의를 기울인다.
4. 의식을 콧구멍으로 옮긴다. 숨을 쉬면서 시원한 공기가 들어오는 미묘한 감각과 따뜻한 공기가 코를 나가는 것을 확인한다.
5. 숨을 들이 마시지 않고 간단히 관찰한다. 호흡이 당신의 첫 번째 호흡인 것처럼 호흡에 주의를 기울인다. 당신의 마음이 산만하면, 혼란함을 알아 채고 호흡의 감각으로 참을성 있게 되돌아간다.

의지 (Intention)

퓨전 워크아웃 시스템의 첫 번째 단계는 교육 세션에 대한 의도를 설정하는 것이다. 의도는 행동이나 행동을 수행하겠다는 약속이다. 의도에는 계획과 사전적인 고려가 필요하다. 의도와 함께 각 운동 세션에 접근함에 있어 집중하고, 자신감을 심어주고, 육체적, 정신적, 정서적으로 성장할 수 있는 기회를 만들어준다.

몰입은 동기 부여에 뿌리를 두고 있다. 인간은 기쁨을 찾거나 고통을 피하려고 동기가 생긴다. 피트니스 훈련에서 이것은 성취의 필요성 또는 실패의 두려움이라는 관점에서 생각할 수 있다. 성취의 필요성으로 동기 부여를 받은 사람들은 성장의 기회를 만드는 도전적인 상황을 마주하게 된다. 반면에, 실패의 두려움에 동기를 부여받은 사람들은 여전히 열심히 노력할 것이지만 자신을 보호하는 방법으로서 덜 도전적인 일을 선택한다. 흥미로운 점은 모두가 공포의 수준을 경험한다는 것이지만,
차이점은 그것을 극복할 수 있는 능력에 있다.

이것은 당신의 운동에서 어디에 마음을 두고, 당신의 의도를 정할 것인지 설정하는 것이 중요하다는 것이다. 운동을 성공적으로 경험할 때 자신감을 얻는다. 자신감을 키우면서 두려움이 사라진다. 자신감은 주어진 상황의 요구를 충족시키는 능력에 대한 믿음이다. 긍정적인 경험과 성취를 통해 자신의 능력에 대한 자신감을 구축할 수 있다. 두려움에 대한 생각과 느낌을 바꾼다. 당신이 왜 원하는 목표를 달성하고 싶은지 생각해본다. 당신의 동기는 무엇이며 당신에게 영감을 주는 것은 무엇인가? 원하는 결과에 대해 마음속으로 시각적 이미지를 그려보거나 사진을 사용하여 왜 당신이 인내심을 갖고 있는지 기억한다. 일보다는 이득에 집중한다. 낙관적인 태도를 취하고 자신에게 친절하게 한다. 현실적인 기대와 목표를 설정하여 자신감을 키운다. 오늘 운동이나 워크아웃을 시도했지만 완료하지 못했다면, 내일을 완료하기 위해서는 한 걸음 더 걸어야 한다. 당신이 할 수 없는 일보다는 당신이 할 수 있는 일에 집중한다. 오늘 당신이 있는 곳에서 시작한다. 성과를 인정하고 목표를 계속 추구한다.
운동에 접근하면서 의도를 설정하고 성공할 수 있는 수준으로 도전한다. 파트 II의 각 운동 설명에서 긍정적인 행동과 의도의 방향으로 마음을 집중시키는 방법에 대한 유용한 힌트를 찾을 수 있다.

의지 설정

모두가 다른 출발점에서 운동을 시작한다; 그것을 존중하고 퓨전 운동을 할 때마다 필요한 것을 토대로 운동을 조율한다. 각 운동의 의도는 필요에 따라 정기적으로 바꿀 수 있다.

의지의 초점

의도를 세우는 것은 운동의 분위기를 조성하고 훈련에 집중하고자 하는 마음을 유도한다.
이렇게 하면 특정 작업이나 결과에 집중하여 결과를 지속적으로 개선하고 달성하는데 도움이 된다.
의도의 초점은 육체적, 정신적 또는 정서적 관점일 수 있다. 필요에 따라 초점을 변경한다.

- 신체적 집중은 운동을 몇 번 반복하거나 상체 강도를 얻는 등 운동이나 운동의 신체적 측면에 집중되어 있다. 유연성 증대나 균형 개선 같은 훈련 목표를 기반으로 할 수 있다. 운동 중 정렬을 개선하고 운동 능력을 최대한 발휘할 수 있도록 신체적인 집중을 한다.
- 정신 집중은 운동과 워크아웃 중에 관찰과 인식을 하는 마음에 관여된다. 여기에는 당신의 호흡을 듣거나, 깊으면서 목적을 가진 호흡이 아닌 얕은 호흡에서 몸이 어떻게 느끼는지 관찰하는 것이 포함된다. 적절한 기술을 사용하여 운동을 수행하는 자신의 내면적 비전일 수도 있고 정신의 방황이 운동에 어떻게 영향을 미치는가에 대한 인식일 수도 있다.

- 감정적인 초점은 마음속을 떠돌아다니는 생각에 세심한 주의를 기울이며, 그들에게 솔직해지며 당신의 권한으로 감정을 새기는 것이다. 예를 들어, 아무런 생각이나 판단없이 운동을 경험할 수 있게 하거나, 균형 잡는 자세에서 실패할까 봐 두려워하게 만든다. 긍정적인 결과에 집중하고 운동이나 운동에 부정적 감정을 사라지게 하고, 긍정적인 감정으로 바꾼다.

당신의 의지 만들기

의도를 만들려면 오늘의 신체 활동 수준, 현재의 기술 수준 및 정신 상태의 위치를 잠시 생각해본다. 당신의 현재 필요 사항을 평가하여 당신의 의도에 사용할 초점 유형을 결정한다. 과거의 경험과 관찰을 바탕으로 의도를 결정한다. 예를 들어, 허리 통증의 병력이 있다면 허리를 아프게 하지 않고 코어를 강화해야 한다는 것을 알고 있어야 한다. 이 경험은 운동의 올바른 정렬과 실행이라는 물리적인 목표를 향해 당신의 의도를 집중시키는 데 도움이 될 것이다. 또는 이전에 몸 상태가 좋았지만 실패한 것처럼 느낄 수 있다. 귀하의 의도에 대한 감정적인 초점을 설정하는 데 관심을 기울인다. 만트라처럼 강력하고 격려해줄 수 있는 말을 사용하여 과거의 실패에 대한 집착을 극복할 수 있다. 처음에는 퓨전 운동에 필요한 것을 알지 못하기 때문에 여기에 나열된 의도들에 대한 샘플 또는 파트 III의 각 퓨전 운동과 함께 제안된 의도를 사용해본다.

퓨전 워크아웃에 적용되는 의지의 예

다음 퓨전 운동에 사용할 수 있는 의도에 대한 샘플은 운동에 주의를 기울일 수 있는 일반적인 초점들이다. 당신이 그것을 마스터했거나 그만두기를 원할 때까지 여러 번 의도를 반복할 수 있으며 필요하다면 다른 시간에 다시 돌아올 수 있다. 목록화되고 묘사된 것은 육체적, 정신적, 감정적인 초점의 표본이다.

물리적 초점 : 나는 운동 전반에 걸쳐 3D 호흡 기술을 사용하는데 집중할 것이다. 이 경우, 당신의 목표는 운동 전반에 걸쳐 호흡과 움직임에 대한 인식을 불러일으키는 것이다. 흡기가 어떻게 몸통을 들어 올려 척추를 늘어나게 하는지 관찰한다. 호기가 신체의 긴장을 완화시키고 척추를 구부러지거나 둥글게 움직이는 위치에 어떻게 움직이는지에 주목한다.

퓨전 운동을 하는 동안 흡기와 호기가 운동의 느낌에 어떤 영향을 주는지 집중한다. 예를 들어, 서있는 자세에서, 숨을 들이 마시면서 팔을 머리 위로 들어 올리고, 숨을 내쉬면서 팔을 내릴 수 있다. 운동을 반복하되 이번에는 호흡을 반대로 하여 부자연스러운 느낌을 느껴본다.

물리적인 초점 : 각 운동마다 움직임을 시작하기 전에 기초를 세울 것이다. 이 경우 좋은 기초를 설정하여 운동이 더욱 강하고 안정적으로 느껴지도록 한다.

예를 들어, 서있는 동안 눈을 감고 다리에서 체중 분포를 확인한다. 체중이 각 발에 동등하게 분배되는가? 발의 안쪽이나 바깥쪽 가장자리에 더 많은 체중이 느껴지나, 발뒤꿈치나 발의 앞볼에 더 많은 것을 느끼는가?

양발에 같은 무게를 놓고 두 발, 앞뒤 및 안쪽과 바깥쪽 가장자리 사이에서 똑같이 체중이 어떻게 변하는지 관찰하면 이 자세에서 보다 안정감을 느끼게 된다. 각 운동마다 움직이기 전에 강력한 기초를 설정한다. 더 나은 균형과 안정성을 유지하기 위해 기초를 재설정하는 것을 계속한다.

정신적인 초점 : 오늘 나는 혼란스러움이 없이 바로 가까이에 있는 일에 내 마음을 집중할 것이다.
이 경우 귀하의 생각이 귀하의 운동 수행 능력에 어떻게 영향을 미치는지 알게 되는 것이다. 자신의 능력에 대한 긍정적인 생각을 세우고 현재의 순간에 집중한다. 과거를 놓아두고 지금 여기에만 집중한다. 현재에 서서히 다가오는 당신의 마음에 혼란시키는 생각으로부터, 지금 당장하고 있는 일로 마음을 부드럽게 가져온다. 모든 사람은 자기 의심과 부정의 순간을 가지고, 마음이 원치 않는 곳으로 떠돌아다닌다면, 생각을 바꾸는 힘을 가지고 있음을 기억해야 한다. 부정적인 생각을 긍정적인 것으로 바꾼다.

영감을 주는 단어나 구를 당신의 의도로 사용하고 강한 생각 패턴을 구축할 수 있다. 예를 들어, 연습을 수행 할 때 마음에 "나는 강한다" 또는 "나는 균형을 잘 잡는다"라는 구를 반복하면 이 방향으로 이동하게 된다.

감정적인 초점 : 오늘 운동하는 동안 내 몸이 필요로 하는 것을 존중하며, 불쾌감을 느낄 때 조정할 수 있다.
이 경우, 당신은 당신에게 허락을 준다. 활동을 안하거나, 부상 또는 나이가 신체의 움직임의 자유를 제한했을 수도 있다. 어디에서 몸의 긴장이 지속되는지 관찰할 의도를 설정한다. 호기에 초점을 맞춘 호흡을 사용하여 긴장을 풀어준다. 신체가 저항하는 경우, 운동을 오래하고 부드럽게 유지하며 휴식을 권장한다. 의도를 정하는 것은 운동 중에 주의를 기울이는 것을 도와준다.

모든 운동에서 이 기술을 사용하여 능력을 향상시키고 마음과 신체 연결을 강화하며 결과를 조절할 수 있는 방법을 확인한다. 마음은 강력하다. 이것을 당신의 최상의 이익을 위해 사용하고 이것이 당신의 결과와 당신의 성취감에서 차이점을 만들어낸다는 것을 경험해본다. 다음 장에서는 각 퓨전 운동 연습의 의도와 마음가짐에 대한 제안을 찾을 수 있다.

퓨전 운동

(Fusion Exercises)

워밍업

스텐딩 근력강화 운동, 균형, 유연성 운동

마루에서 근력강화, 균형, 유연성 운동

안정 및 회복운동

퓨전 운동은 워밍업을 위한 다음 장에서 다음과 같이 모아져 있다; 힘있게 서 있기, 힘, 균형 및 융통성; 바닥 강도, 균형 및 유연성; 안정 및 회복 운동.
각 장의 연습 문제는 퓨전 워크아웃에서 가능한 최상의 결과를 제공한다.

Part II에서는 당신의 퓨전 운동을 포함한다. 100가지가 넘는 운동과 변형을 통해 운동을 재미있고 도전적인 자세로 유지하기 위해 선택할 수 있는 포괄적인 운동 목록이다. 각 운동에는 운동을 안전하고 효과적으로 안내하는 사진과 자세한 설명이 있다. 사진은 이상적인 신체 정렬과 운동 실행을 보여준다; 그러나 운동을 마스터하기 위해서는 자신의 속도로 진행하게 된다. 연습 문제의 수정 및 변형을 통해 강도를 높이고 운동을 재미있게 유지하고 진행을 도울 수 있는 옵션을 제공한다. 각 운동마다 최적의 호흡 패턴이 제안된다. 운동을 하면서 호흡 패턴을 연습한다. 이 라이브러리에 자주 방문하여 운동을 계속 마스터하고 운동에 다양성을 추가한다.

워밍업

(Warming up)

워밍업은 운동을 하기 전에 편안함과 운동성 그리고 신체적인 준비를 위해 중요하다. 운동 상태를 편안하게 해줌으로써, 신체의 모든 시스템이 작업에 적응할 기회를 주며, 에너지와 신경근육계가 운동에 반응할 수 있는 기회를 제공해준다. 움직임은 경직을 감소시키고, 혈액순환을 증가시키고, 근육과 결합 조직을 따뜻하게 해주는 심부의 마사지와 같아서 좀 더 편안한 기능상태를 만들어준다.
이번 장에서의 워밍업 운동은 마음과 몸을 준비상태로 만들어준다.

워밍업을 하는 동안 당신은 당신의 마인드에 집중하며 당신이 수행할 과제에 집중해야 한다.
워밍업을 통해 당신의 몸과 뇌에 산소공급을 증가시켜, 에너지를 느끼게 해주며, 당신의 의식을 깨어나게 한다.

워밍업은 좀 더 노력을 요하는 실질적인 본운동으로 자연스럽게 옮겨갈 수 있는 기회를 제공한다.
워밍업은 운동성을 증가시키고, 심박수를 올려 주며, 당신의 상태를 이상적인 상태로 본 운동을 하게 해주며, 낮은 강도와 속도로 당신이 할 본 운동에 가깝도록 만들어준다.

당신이 선택한 본운동의 기간, 형태, 강도에 따라서 워밍업은 당신이 시행할 본 연습에 맞추어 알맞은 준비운동으로 변형하여 잘 맞추어야 한다. 자연스러운 연습에 어려움이 있을수록, 더 오래 워밍업을 해야 한다. 단순한 연습이면 작은 노력이 요구되므로 워밍업을 좀 더 짧게 할 수 있다. 본 운동의 강도와 길이에 맞추어 최소한 3분에서 10분의 워밍업을 한다. 어떤 본 운동을 하느냐에 관계없이 다양한 워밍업을 해야 한다.

이 책의 제 8장에서 11장까지 본 운동을 제시하고 있고 한 주제로 만들어진 운동들에 대한 적절한 워밍업을 제시하고 있다. 제 7장의 차분하고 진정시키는 회복운동을 하기 전에도 워밍업을 해야 한다. 당신이 수행하게 될 복합 운동 내에서 각 장별로 나오는 당신이 수행해야 할 본 운동에 기반한 워밍업의 운동리스트들을 보게 될 것이다. 당신이 복합 운동들을 수행하면서 얻게 되는 경험과 신뢰는 당신에게 적당한 워밍업을 창조할 수 있도록 이번 장의 내용을 통해서 운동의 선택을 시작하게 될 것이다.

워밍업 운동들은 한 운동에서 다음 운동으로 가기 쉽게 만드는 몸의 자세를 통해 종류별로 나뉘어졌다.

무릎 꿇는 자세 (Kneeling)

양 무릎 자세에서 수행하는 워밍업 운동은 운동을 위한 몸의 상태를 준비시켜 주는 간단한 방법을 제공해준다. 이 자세를 수행하는 동안 척추와 어깨, 엉덩관절에서의 운동성을 만들어낼 수 있으며 이후에 본 운동에서 더 많은 도전이 요구되는 코어근육을 준비상태로 자극시킬 수 있다.

아기 자세 (Child's Pose)

시작 자세 : 발을 모으고 발끝을 바닥에 대고, 무릎을 구부리는데, 무릎은 어깨 넓이보다 약간 더 벌려준다.

동작 : 엉덩이를 발끝 방향으로 움직인다. 양팔은 앞쪽으로 내밀어주고 허벅지와 무릎 사이의 바닥 방향으로 몸통을 움직이며, 얼굴의 이마는 바닥쪽으로 가져간다.(그림을 보세요)

정렬 : 엉덩이가 발끝 방향으로 뒤로 빼줄 때 척추는 길게 유지된다. 등의 상부가 구부러지는 것을 피하고, 어깨를 귀 방향으로 올려준다.

호흡 : 이 자세는 호흡에 이상적인 자세이며 편안한 감각을 만들어준다. 들이마시는 호흡을 하는 동안 가슴이 확장되는 것을 느끼며, 폐 안으로 공기가 들어가는 것을 그릴 수 있다. 호흡을 내쉬는 동안 가슴뼈가 다음에 마시는 호흡이 깊어질 수 있도록 부드럽고 편안하게 움직인다. 최소 5회 정도의 깊은 호흡을 유지한다.

기술적인 조언 :

- 척추를 길게 유지하며 어깨를 부드럽게 한다.
- 호흡은 이완이다.

진행과정 시 조절사항 :

- 양 무릎 자세는 양 무릎에 불편함이나 통증을 유발할 수도 있다 ; 엉덩이를 더 높게 올리는 것을 최소화하고 팔을 보다 더 앞으로 움직여준다.
- 양팔을 위로 뻗는 동작은 목과 어깨에 불편함을 일으킬 수도 있다 ; 양다리 옆으로 양팔을 가져가고 손바닥을 얼굴을 향하게 해준다.
- 이마가 편안하게 바닥에 닿지 않을 수도 있다 ; 요가블록을 사용하거나 타올을 말아서 이마 아래 놓고 지지한다.

명상 : 의식을 당신의 호흡에 두고 당신 몸의 움직임에 따라 움직여지는 호흡을 느껴본다. 내쉬는 호흡마다 당신의 몸이 좀 더 깊게 이완되도록 아이 자세 속으로 빠져들어 간다.

고양이와 소 자세 (Cat and Cow Stretch)

a

b

c

시작 자세 : 양 어깨 아래 손을 놓고 무릎을 구부리며, 양 무릎은 엉덩이 아래에 놓고 척추는 중립적인 자세를 취한다. 양팔은 어깨 아래에 수직이 되게 하고, 허벅지는 양 엉덩이에서 무릎까지 일직선상에 놓는다(그림을 보세요).

동작 : 골반저 근육과 복부 아래쪽의 근육을 수축시켜 골반을 아래로 회전시킨다. 자연스럽게 척추는 머리로부터 올라가게 되는데 척추가 부드러운 C자형의 커브를 만들면 고양이 스트레칭 자세가 된다(그림 b를 보세요). 반대로 좌골을 위로 천천히 올려며, 허리 하부가 부드럽게 커브를 만들어 척추에서 머리까지 펴주는 동작을 하면 소 스트레칭이 된다(그림 C를 보세요. 두 가지의 스트레칭을 유동적으로 부드럽게 움직여준다.

정렬 : 운동을 하는 동안 양 팔은 곧게 편 상태에서, 척추를 통해서 느껴지는 움직임에 맞추어준다.

호흡 : 숨을 내쉴 때 척추의 커브는 배꼽에서 척추방향으로 가볍게 당겨지고, 호흡을 들이마실 때는 척추가 길어지면서 확장된다. 호흡을 천천히 하면서 유지하고 조절한다. 각각의 동작을 3회에서 5회 정도 반복해서 시행한다.

기술적인 조언 :

- 동작 시 통증이 없는 범위에서 움직여라.
- 당신의 호흡에 따라서 움직임이 일어날 수 있도록 호흡을 길고 충분히 하라.

진행과정 시 조절사항 :

- 손목에서의 불편함을 감소시키려면, 손가락을 넓게 펴주고 각각의 손가락이 부드럽게 흙을 누르듯이, 손바닥을 들어 올려 주듯이 바닥을 아래로 눌러준다(손가락에서 손의 손바닥이 접촉할 수 있도록 자리잡아준다).
- 손목의 불편함을 감소시키기 위해서는 바닥에 팔뚝을 대준다.
- 타올을 접거나 매트를 말아서 무릎아래 두어 편안하게 할 수 있다.

명상 : 이 운동에서 호흡과 움직임이 어떻게 연결되는지를 관찰한다.

실과 바늘 자세의 척추회전 (Spinal Rotation With Thread the Needle)

a

b

시작 자세 : 양 어깨 아래 양손을 놓고 무릎을 구부리고, 무릎은 엉덩이보다 약간 넓게 벌려주고, 척추는 중립상태를 유지한다. 양팔은 어깨 아래 수직선상에 놓고, 허벅지는 엉덩이보다 약간 넓게 둔 무릎과 수직선상에 놓는다.

동작 : 한 팔을 가슴의 중앙선 상에 놓고, 반대편 팔은 척추를 돌려주고, 가슴을 열어주면서, 손 쪽을 바라보면서 천장을 향하여 뻗어준다(그림 a를 보세요). 같은 팔을 아래로 가져가며 손을 뒤집어 손바닥이 바닥을 향하게 하고, 팔은 바닥을 지지하는 팔 뒤를 가로질러서 반대쪽으로 가져간다. 바닥에 어깨의 모서리 바깥부분을 가져가고, 상체의 무게를 어깨에 실어주고, 바닥에 머리를 놓는다(그림 b를 보세요). 운동을 반복하고, 각 동작을 해주는 것과 반대 쪽 운동을 하기 전에 동작을 유지하는 것을 부드럽게 해준다.

정렬 : 가슴, 척추, 어깨를 통하여 반대편으로 회전이 일어날 때 엉덩이가 들려 있고 허벅지를 수직선상에 놓는 것을 유지하라.

호흡 : 회전을 하여 그 방향으로 가슴이 열릴 때 숨을 내쉬어준다. 호흡을 들이 마시고 유지한다. 팔을 올려주며 호흡을 내쉬는 동안 실바늘 자세로 들어간다. 호흡을 들이 마시고 유지한다. 호흡에 따라서가 아닌 몇몇 호흡동안 동작을 유지하는 것을 선택한다. 3회에서 5회 반복한다.

기술적인 조언 :

- 허벅지를 수직선상에 유지하고 엉덩이를 올려주는 것이 실바늘 자세이다.
- 골반은 양 방향에서의 둥근 홈을 만들듯이 회전에 따라 움직여준다.

진행과정 시 조절사항 :

- 손목의 불편함을 감소시키기 위해서는 손가락을 넓게 펴주고 각각의 손가락이 부드럽게 흙을 누르듯이, 손바닥을 들어올려 주듯이 바닥을 아래로 눌러준다(손가락에서 손의 손바닥이 접촉할 수 있도록 자리잡아준다).
- 무릎에 통증이 있다면 매트를 두껍게 깔아주어 쿠션 역할을 하게 해주거나 무릎아래 타올을 놓아준다.

명상 : 척추와 어깨의 자유로운 움직임에 따라서 어떻게 골반이 움직이는지를 의식한다.

햄스트링 이완을 위한 런지 (Low Lunge to Kneeling Hamstring Stretch)

a

b

c

시작 자세 : 네발 자세에서(그림 a를 보세요) 한발을 앞으로 가져가서 바닥에 발 윗면과 종아리가 닿는 무릎 구부린 런지 자세를 만들어준다. 앞쪽의 발은 뒤꿈치에서 무릎이 수직선이 되게끔 유지한다. 양손은 앞쪽의 발 양 옆, 바닥 위에 둔다.

동작 : 앞쪽의 다리를 곧게 펴주면서 골반을 뒤로 움직이고 몸을 앞쪽으로 구부리고, 골반은 들어주고, 등이 심하게 구부러지지 않게 척추는 펴준다(그림 C를 보세요). 깊게 스트레칭이 되는 느낌을 가질 수 있도록 골반을 앞쪽 아랫방향으로 움직인다. 골반이 들어 올려진 채로 아래 다리는 수직상태를 유지한다.

정렬 : 무릎에서 발 뒤꿈치까지 유지하는 동안 가능한 한 멀리 앞쪽으로 움직인다. 햄스트링 근육이 스트레칭될 때 뒤쪽의 뒤꿈치에서 골반을 들어준 자세를 유지한다.

호흡 : 런지를 하는 동안 숨을 내뱉는다. 호흡은 런지를 하는 동안 자연스럽게 멈추고 유지한다. 햄스트링이 스트레칭 될 때 숨을 내뱉는다. 호흡은 멈추고 유지한다. 각각의 방향에서 3회에서 5회 반복한다.

기술적인 조언 :

- 등에서부터 움직이지 말고 양 골반이 스트레칭이 일어나는 것에서부터 움직여라.
- 척추는 길게 늘려준다.

진행과정 시 조절사항 :

- 런지 중에, 허벅지를 손앞으로 가져가거나 머리 위로 올려주어 더 많은 스트레칭이 일어나게 해라.
- 햄스트링 근육이 스트레칭될 때, 다리 뒤가 너무 과도하게 긴장한다면 무릎을 구부려주어라.
- 타올을 접거나 매트를 말아서 무릎 아래 두어 편안해지도록 한다.

명상 : 다리와 골반 사이의 근육의 상호작용에 주의를 기울인다. 동작을 할 때 나타나는 제한을 느끼고 관찰한다. 다리에 긴장이 올 때 숨을 내쉰다.

플랭크(널판지 자세)(Planking)

몸의 플랭크 자세는 여러가지 복합적인 운동들의 기초가 된다. 워밍업을 하는 동안 플랭크 자세에서에서 바른 정렬을 유지하고 호흡을 바르게 하는 것은 연습 시 몸의 상태를 운동에 대한 준비상태로 만들어준다.

플랭크 자세 (Plank Position)

시작 자세 : 양 어깨 아래 손을 놓고 무릎을 구부리며, 양 어깨를 고정하고 한 다리의 뒷부분이 늘어나도록 코어근육을 수축시키고, 볼 위에서 균형을 잡아주듯이 발가락을 구부려주는데 이 때 발은 발가락에 직선 방향이 되게끔 뒤꿈치를 둔다. 반대편도 다리 뒤쪽에도 실시하는데 코어를 강하게 유지하고 발목은 중립적인 정렬을 유지한다. 척추는 약간의 허리뼈 전만곡으로 중립적으로 유지하고 골반은 척추의 선 안에 둔다. 머리는 척추에 정렬되도록 한다. 양 어깨 아래 수직으로 양 팔을 두고, 가슴을 열어주듯이 견갑골을 뒤쪽으로 후인이 되도록 해준다. 손바닥은 바닥에 펴주는데 가운데 손가락은 앞쪽을 향하게 하고, 엄지손가락은 몸 중앙을 향하게 한다.

동작 : 바닥을 눌러주는데 손에서부터 에너지가 팔로 전달되어 견갑골까지 올라가는 것을 느껴본다. 가슴이 확장되고 등의 중심선으로 견갑골을 가져간다. 상체는 유지하고 심부 복부근육은 척추 쪽으로 살짝 당겨준다. 양 다리의 근육을 단단하게 하고 골반 아래와 하부 복부근육을 들어 올려주어 심부 코어근육이 참여할 수 있게 해준다(그림을 보세요).

정렬 : 척추는 중립 자세를 유지하고, 머리는 척추 선을 따라 유지하고, 몸을 일직선상으로 만들어준다.

호흡 : 코어 근육을 활성화시키기 위하여 3D 호흡기술을 이용하라. 호흡을 내쉬는 동안 안에서 복부 근육을 끌어 올려주어 복부근육 안에서의 내부 긴장을 만들어준다. 운동 중에 강하게 자세유지를 하면서 숨을 내쉬어라. 10초에서 30초를 유지하라.

기술적인 조언 :

- 턱을 살짝 당겨주어 머리의 뒷부분이 척추선에 놓이게 한다.
- 양 팔은 수직을 유지시켜주고 등이 둥글게 되는 것을 피해준다.
- 척추, 골반, 머리의 정렬을 유지하라.
- 골반이 들어 올려지거나 아래로 떨어지게 하거나, 허리뼈의 전만이 증가되지 않게 하라.
- 손가락을 넓게 펴주어 손에서 무게가 분산되게 하라.
- 손목의 압력을 감소시키기 위해서 등 상부근육과 코어근육을 관여시켜라.
- 골반의 무게를 지지하기 위해서 양다리의 근육을 단단하게 유지하라.
- 척추 위치의 변화없이 복부근육을 척추쪽으로 끌어올려라.

진행과정 시 조절사항 :

- 강도를 감소시키기 위해서, 무릎을 구부려서 바닥에 대준다.
- 손목의 불편함을 감소시키기 위해서 전완을 바닥에 대준다.

명상 : 복합적인 3D 호흡기술을 연습하는 것은 이 운동을 통하여 당신을 강하게 할 것이다.

아래로 향한 개 자세 (Downward-Facing Dog)

a

b

시작 자세 : 이전에 보여주었던, 플랭크 자세를 취하고 양 어깨아래 양 손을 두고, 두 다리는 곧게 펴주고, 어깨 넓이로 벌려준다(그림 a를 보세요). 몸의 자세는 일직선으로 만들어준다.

동작 : 플랭크 자세에서, 가슴을 다리 쪽으로 가져가는 동안 엉덩이를 천장으로 들어올려 V자를 거꾸로 한 모양처럼 자세를 만들어준다(그림 b를 보세요). V자의 꼭대기에 팔은 곧게 펴주고 견갑골은 뒤로 당겨주어 가슴을 열어주듯이 하고, 발 뒤꿈치는 할 수 있을 만큼 최대로 바닥에 낮춰준다. 시선은 허벅지를 바라보면서 머리와 목이 중립 자세를 유지하게 해준다. 넙다리뼈 뒤쪽에 압력을 유지하면서 꼬리뼈를 위로 올려주고, 척추는 가슴을 펼치듯이 길게 유지한다.

정렬 : 등 상부가 둥글게 되는 것과 몸무게가 손목에만 실리게 하지마라. 몸무게가 다리쪽으로 실리게 하는 것을 유지해주어라.

호흡 : 숨을 들이마시면서 엉덩이를 들어 올려 뾰족한 자세를 만들어라. 숨을 내쉬면서 발 뒤꿈치가 바닥에 닿게 하라. 3회에서 5회 정도 깊은 호흡을 유지하라.

기술적인 조언 :

- 손목의 체중부하를 줄이려면 엉덩이를 올려주고 다리를 뒤쪽으로 움직여주어라.
- 모든 시간 동안 다리를 뼈를 근육이 조이는 듯한 감각을 느끼면서 근육을 수축시킨 상태로 능동적으로 유지해라.
- 팔을 최대한 펴 주는게 중요하며 발뒤꿈치를 바닥에 닿게 하는 것보다 가슴을 펴주는 것이 중요하다.

진행과정 시 조절사항 :

- 손목에서의 불편함을 감소시키려면, 손가락을 넓게 펴주고 손바닥을 들어 올려 주듯이 각각의 손가락을 눌러준다(손가락의 손바닥을 눌러주듯이).
- 손목의 불편함을 줄여주려면 전완(팔뚝)을 바닥에 대어준다. 등과 다리가 당기면 무릎을 구부려준다.

명상 : 이 운동은 강함과 유연함을 동시에 요구한다. 이 운동을 통해서 강화와 스트레칭의 감각을 알아차리는데 집중한다.

선 자세 (Standing)

복합적인 운동그램의 워밍업 단계를 하는 동안 일어서기 운동은 발의 위치와 다리 근육의 활성을 느낄 수 있게 해주는 기초가 될 수 있는 기회를 제공해준다. 워밍업에서의 일어서기 동작은 복합적인 운동의 일어서기 운동들의 기본이 된다.

앞으로 구부려 네발서기 (Standing Forward Bend)

a

b

시작 자세 : 양손으로 바닥을 짚고 상체의 체중을 지지하거나 다리에 체중을 지지해주게 되는데 햄스트링 근육의 유연성에 따라 실시한다. 발은 어깨넓이로 벌리고(그림 a를 보세요) 발가락은 정면을 향하게 하며 발은 평행하게 해준다.

동작 : 양다리를 부드럽게 펴면서 엉덩이를 위로 올려주는데 머리의 꼭대기 부분이 바닥을 향하도록 해주고 턱은 부드럽게 당겨준다. 이 때 골반을 올려주는 발의 네 모서리(양발끝과 뒤꿈치)가 같은 힘으로 누르게 하고 몸통을 아래로 움직여준다(그림 b를 보세요).

정렬 : 다리의 수축을 유지하면서, 가슴을 들어주어서 길게 늘려진 척추가 스트레칭이 된 상태에서 더 길어지게 해준다.

호흡 : 숨을 들이마실 때 골반을 위로 올려준다. 숨을 내쉴 때 상체를 다리 방향으로 구부려준다. 호흡은 자연스럽게 견딜 수 있을 만큼 해준다. 숨을 들이마실 때 가슴을 들어주어 골반으로부터 척추가 늘어나게 한다. 숨을 내쉬면서 스트레칭된 상태에서 구부려주는 것을 다시 해준다. 10초에서 30초 유지한다.

기술적인 조언 :

- 양 손을 바닥이나 허벅지에 지지하고 상체를 유지한다.
- 꼬리뼈가 천장을 향하여 들어 올려진다고 생각한다.

진행과정 시 조절사항 :

- 다리 뒤쪽이 너무 당겨지면 무릎을 구부려라.
- 구부리는 도중에 현기증을 느낀다면, 의자에 앉는데 가슴보다 위에 머리를 유지하고 손을 등 뒤에 위치한다.

명상 : 호흡을 참는 것은 피하라. 길게 숨을 내쉬는 것이 이 스트레칭에 도움이 된다는 것에 집중하라.

팔을 들어 올린 산 자세 (Mountain Pose With Arms Reaching)

시작 자세 : 바르고 곧게 선 자세로 시작하는데 양 발은 붙이거나 살짝 벌려주고 양팔은 편하게 둔다. 양 어깨는 이완시켜 떨어지게 하고 귀에서 살짝 떨어지게 하면서 약간 뒤로 하여서 가슴이 벌어질 수 있도록 해준다. 머리는 편안하게 척추 위에 똑바로 올려져 있고, 코 끝은 정면을 향하고 시선은 정면을 똑바로 바라본다. 턱을 살짝 당겨준다.

동작 : 양 팔을 양 옆으로 머리 위까지 올려준다 (그림을 보세요). 팔 아래 부분의 뒷면이 바깥을 향하게 한다.

정렬 : 양 어깨는 이완 상태로 귀에서 벌어진 상태에서 팔을 머리 위로 가져간다.

호흡 : 팔을 머리 위로 올릴 때 숨을 들이마신다. 팔을 아래로 가져갈 때 숨을 내쉰다. 3회에서 5회 반복한다.

기술적인 조언 :

- 양 팔을 머리 위로 올려주는 동안 양 어깨를 이완하고 아래로 내려주는 것을 유지한다.
- 척추와 골반을 중립위치에 놓는다.

진행과정 시 조절사항 :

- 어깨가 너무 당겨지면 팔꿈치를 구부리거나 팔을 머리 앞쪽에 살짝 놓는다.
- 팔을 양 옆에 내려 놓아주거나 기도 자세처럼 가슴 앞에 둔다.

명상 : 산 자세는 모든 일어서기 운동의 기초가 된다. 발과 발로 바닥을 누르면서 척추로부터 올라오는 감각이 생겨남에 집중하라. 선 자세에서 느껴지는 감각과 발부터 머리끝까지 길게 늘어날 때의 느낌에 집중하라.

산 자세에서 옆으로 구부리기 (Moutain Pose With Side Bend)

시작 자세 : 일어선 자세에서 시작한다. 발을 모으거나 살짝 벌려주고 양팔은 옆에 둔다. 양 어깨는 이완시켜 귀에서 살짝 떨어지게 하면서 약간 뒤로 하여서 가슴이 벌어질 수 있도록 해준다. 머리는 편안하게 척추 위에 똑바로 올려져 있고, 코 끝은 정면을 향하고 시선은 정면을 똑바로 바라본다. 턱을 살짝 당겨준다.

동작 : 양 팔을 옆쪽으로 움직이는데, 양 머리 위로 가져갈 때 양 손은 중앙을 보게 하고, 한쪽 방향으로 구부린다(그림을 보세요). 가운데로 돌아왔다가 반대편으로 구부린다.

정렬 : 어깨 이완을 유지하고 팔을 머리 위로 올려주는 동안 귀에서 살짝 벌려준다.

호흡 : 숨을 들이마시는 동안 양팔을 머리위로 올려준다. 숨을 내쉬면서 한쪽 방향으로 구부리고 숨을 들이마시면서 중앙으로 돌아온다. 숨을 내쉬면서 반대쪽으로 구부린다. 각 방향을 3회에서 5회 반복해준다.

기술적인 조언 :

- 머리위로 들었던 팔을 내리는 동안에도 어깨의 이완을 유지한다.
- 한쪽 방향으로 구부릴 때, 동작이 끝날 때까지 상체를 일직선으로 유지한다. 앞쪽으로 구부리지 말고 등을 둥글게 만들지 말아라.

진행과정 시 조절사항 :

- 어깨가 너무 긴장되면 팔꿈치를 구부리거나 팔을 살짝 머리 앞쪽으로 놓는다.
- 머리 위에서 양 손을 모으면 더 많은 스트레칭이 일어난다.

명상 : 몸을 양쪽으로 늘려줄 때 발이 바닥을 양쪽 동일하게 누르는 느낌에 집중하라.

태양 경배 자세(Sun Salutation)

새롭게 고안된 해맞이 자세는 전통요가의 태양 경배 자세에 기본을 두고 있으며, 당신에게 가장 좋은 버전을 선택할 수 있도록 동작을 변형하였다. 해맞이 자세는 몸에 열을 발생시키면서 자연스럽게 동작과 호흡을 어울리게 한다. 각각의 퓨전 해맞이 자세의 흐름은 좀 더 도전적으로 진행된다. 퓨전 해맞이 자세는 제 3장에 완벽하게 소개되었듯이 새롭고 복합적인 운동을 반복 횟수의 안내에 따라하면 된다.

퓨전 태양 경배 자세 순서 1 (Fusion Sun Salutation Flow 1)

산 자세를 취한다.

숨을 들이마시면서 양팔을
머리 위로 올린다.

숨을 내쉬면서, 골반을 앞으로 구부리고,
양 손을 종아리, 발, 바닥에 놓아준다.
숨을 들이 마시면서 앞으로 구부린 상태를
지지하면서 척추를 펴준다.

숨을 내쉬면서 상체를 다리쪽으로
구부린다.

숨을 들이마시면서 양 팔을
머리 위로 올려주면서 일어선다.

숨을 내쉬면서 양팔을 양 옆으로
내려 놓는다.

퓨전 태양 경배 자세 순서 2 (Fusion Sun Salutation Flow 2)

산 자세를 취한다.

숨을 들이마시면서 양팔을 머리 위로 올린다.

숨을 내쉬면서, 골반을 앞으로 구부리고, 양 손을 종아리, 발, 바닥에 놓아준다.

숨을 들이마시면서 골반에서부터 머리까지 척추를 늘려준다.

숨을 내쉬면서, 무릎을 구부리며 양 손을 바닥에 가져가고 플랭크 자세에서 양 발을 들어준다. 숨을 들이 마시고 유지한다.

숨을 내쉬면서 골반을 들어 올려 아래를 바라보는 강아지 자세를 만들어준다 (아기 자세를 취해도 된다). 5회의 깊은 호흡을 유지한다.

숨을 들이마시면서 손을 종아리로 가져가고 숨을 내쉬면서 가슴이 다리에 닿도록 앞으로 구부려 준다.

숨을 들이마시면서 양 팔을 머리 위로 올려주면서 일어선다.

숨을 내쉬면서 양팔을 양 옆으로 내려 놓는다.

퓨전 태양 경배 자세 순서 3 (Fusion Sun Salutation Flow 3)

산 자세를 취한다.

숨을 들이마시면서 양팔을 머리 위로 올린다.

숨을 내쉬면서, 골반을 앞으로 구부리고, 양 손은 종아리나 발, 또는 바닥에 놓아준다. 숨을 들이 마시면서 골반에서부터 머리까지 척추를 늘려준다.

숨을 내쉬면서, 무릎을 구부리며 양 손을 바닥에 댄다. 한 발을 뒤로 내밀어주면서 낮은 런지 자세를 만들어준다. 숨을 들이 마시고, 유지한다.

숨을 내쉬면서 다른 발을 뒤로 가져가서 플랭크 자세를 만든다. 숨을 들이 마시고, 유지한다.

한 발을 앞으로 내밀어주면서 낮은 런지 자세를 만들어주고 유지한다.

숨을 내쉬면서 다른 발을 뒤로 가져가서 플랭크 자세를 만든다. 숨을 들이 마시고, 유지한다.

숨을 내쉬면서 골반을 들어 올려 아래를 바라보는 강아지 자세를 만들어준다 (아기 자세를 취해도 된다). 5회의 깊은 호흡을 유지한다.

숨을 들이마시면서 손을 종아리로 가져가고 숨을 내쉬면서 가슴이 다리에 닿게 앞으로 구부려 준다.

숨을 들이마시면서 양 팔을 머리 위로 올려주면서 일어선다.

숨을 내쉬면서 양팔을 양 옆으로 내려 놓는다.

5

스텐딩 근력강화 운동, 균형, 유연성 운동

(Standing Strength, Balance, and Flexibility Exerceses)

이번 장의 운동은 코어 트레이닝을 통합하는 동안 하지의 강화, 균형, 유연성을 길러준다. 일어서기 운동은 적절한 정렬과 자세에 집중하는 것을 통하여 다리, 둔부, 등, 복부의 근육을 분명하게 해 줄 것이다. 이 운동들은 신체의 큰 근육을 사용하기 때문에 운동의 강도와 칼로리 소모량이 높다. 당신의 신체구성 성분을 바꾸는 것이 당신의 목표라면, 여기 나오는 운동들을 당신의 운동연습을 더 많이 할애하라.

일어서기 운동들은 동작의 종류로부터 만들어진 비슷한 운동패턴들의 그룹화로 되어 있다. 동작의 기본들은 다른 일반적인 운동들에 나오는 신체 자세나 운동들을 사용한다. 예를 들어, 스쿼트는 일반적인 휘트니스 동작인데 요가의 의자 자세나 발레 운동에서 뒤꿈치를 들어 올려주는 자세와 비슷하다. 당신이 기본적인 운동 안에서 요구되는 자세와 기술을 배우게 되면, 운동 패턴이 사용되는 다른 모든 종류의 운동을 하는 동안 비슷한 기술을 사용할 수 있을 것이다. 이러한 방법의 운동 그룹은 다음에 나올 몸의 자세를 최소로 조절하는 운동들을 수행할 때도 도움이 될 것이다. 좀 더 효율적일 뿐만 아니라, 운동기술을 완벽하게 하는데 도움이 될 것이다. 기본적인 운동에서부터, 다양한 운동을 선택할 수 있게 된다. 새로운 방법을 사용함으로써, 당신은 각각의 그룹운동 속에서 한가지 운동에서의 강도를 변화시키고, 당신의 운동들 속에서 새로움을 만들어내고 하는 것을 좀 더 쉽게 혼합하거나 적절하게 운동을 매칭시킬 수 있게 될 것이다.

기본 운동 (FOUNDATIONAL EXERCISE)

스쿼트 자세 (Squat)

a

b

시작 자세 : 길게 일어선 자세에서 시작한다. 발은 어깨 넓이로 벌려주고 발가락 끝이 앞을 향하게 한다(그림 a를 보세요). 무릎은 발의 중앙에 일직선으로 오게 해주고, 발의 안쪽 허리뼈 부분이 앞쪽에서 너무 벌어지지 않게 벌려준다. 척추는 중립상태를 유지하고 머리는 척추 선상에 놓는다. 눈의 시선은 전방을 향하고, 턱은 살짝 당겨준다. 양 어깨는 이완시켜 아래로 떨어뜨려 귀에서 멀리가게 하여 당신 원래의 편한 상태를 유지한다. 가슴은 들어주고 견갑골은 등의 중앙부로 당겨주어 가슴이 열리게 해준다.

동작 : 척추는 중립을 유지하고 자세를 길게 늘려주고, 스쿼트 자세에서 허벅지가 바닥에 평행하거나 약간 높은 정도까지 무릎, 엉덩이, 발목을 하체 쪽으로 구부려준다(그림 b를 보세요). 골반 아래쪽을 들어주어 하복부 근육이 코어에 관여하도록 해준다. 몸통은 자연스럽게 스쿼트 자세에서 아래로 내려갈수록 엉덩이에서 앞으로 구부려질 것이다. 일어서기 위해 발을 누르듯이 하방으로 눌러준다. 양팔은 스쿼트 자세에서 앞으로 뻗어주고, 당신이 일어서려고 할 때 아래쪽을 향하게 된다.

정렬 : 스쿼트 자세를 하면서 움직이는 동안 척추는 늘어난 상태를 유지하고 길어진 자세의 몸통을 유지해준다. 양 무릎은 발의 중앙에 정렬을 맞추어서 유지한다. 스쿼트를 하는 동안 무릎이 안쪽이나 바깥쪽으로 움직이는 것을 피해야 한다.

호흡 : 스쿼트 자세를 아래로 할 때 숨을 들어 마신다. 바닥을 누르면서 일어설 때 숨을 내쉬며, 골반과 척추, 견갑골의 중립상태의 정렬을 유지해준다. 8회에서 15회 반복한다.

기술적인 조언 :

- 발의 허리뼈부분과 뒤꿈치 부분의 체중지지를 같게 유지한다.
- 스쿼트를 하는 동안 양 무릎이 안쪽이나 바깥쪽으로 향하는 무릎을 유지하면서 발에서부터 무릎의 정렬을 유지해준다.
- 스쿼트를 하면서 아래로 움직일 때 골반을 구부리거나 뒤로 돌려준다.
- 동작을 하는 동안 가슴을 들어 올려주고 척추를 길게 세워준다.
- 어깨를 이완시켜 아래로 향하게 하여 귀에서부터 멀어지게 하라.
- 척추에 대하여 머리의 중립 정렬을 유지한다.

진행과정 시 조절사항 :

- 더 많은 강도를 필요로 하는 오랜 스쿼트 동안에도 바닥을 유지하라.
- 스쿼트 자세가 깊어질수록 동작의 범위가 증가한다.
- 스쿼트 자세가 높게 일어선 자세일수록 강도는 감소한다.

명상 : 운동이 변화하면서 힘을 줘야할 때 당신의 호흡을 조절하라. 스쿼트 자세를 아래로 하면서 호흡이 강해질 것이고, 일어설 때 숨을 내쉬어라.

스쿼트 자세에서 뒤꿈치 들기 (Squat With Heel Raise)

a

b

시작 자세 : 길게 선 자세에서 시작하는데, 발은 양 어깨 넓이 정도 벌려주고 발끝은 전방을 향하게 한다. 무릎은 발의 중앙선에 일직선상으로 놓고 발의 볼(허리뼈)이 중앙선에서 너무 벌어지지 않게 한다. 척추는 중립 자세로 하고 머리는 척추의 선상에 놓는다. 시선은 정면을 바라보고 턱은 자연스럽게 당겨준다. 어깨는 이완시켜 아래로 내리고 귀에서 멀어지게 하고 양팔은 몸 옆에 둔다. 견갑골을 척추 중앙부로 가져가면서 가슴을 올려주면서 열어준다.

동작 : 스쿼트 자세에서 몸을 바닥 쪽으로 낮춰주는데(그림 a를 보세요) 양쪽 뒤꿈치는 들어주고 발의 허리뼈 부분으로(그림 b를 보세요) 몸의 균형을 잡는다. 어깨 앞으로 팔을 내미는 것은 발 뒤꿈치로 몸을 들어올렸다가 몸을 내려줄 때 균형을 잡는 것을 도와줄 것이다.

정렬 : 스쿼트 자세에서 아래로 내려가고 발 뒤꿈치로 몸을 들어올리면서 내려주는 동작을 할 때 양 발가락 선 안에 무릎을 유지한다. 몸의 무게가 발 허리뼈를 지나 중앙에 오도록 한다. 발목이 안이나 바깥으로 구부려지지 않게 한다.

호흡 : 숨을 내쉬면서 스쿼트 자세를 내려가고, 숨을 들이마시면서 뒤꿈치를 올려주고, 숨을 내쉬면서 몸을 아래로 내려주고, 숨을 들이마시면서 일어선다. 5회에서 15회 반복한다.

진행과정 시 조절사항 :

- 강도를 강하게 하려면, 스쿼트 자세를 낮게 만들어서 유지하고, 발뒤꿈치를 올렸다가 내리는 동작을 3회에서 5회 반복한다.
- 균형 잡는 것을 돕기 위해서는, 의자의 뒷부분을 잡고 한다.

명상 : 강한 호흡은 이 역동적인 운동을 도와줄 것이다. 시선을 한 곳에 두는 것이 균형을 잡는데 도움을 줄 것이다.

의자 자세 (Chair Pose)

시작 자세 : 양발을 함께 모아주거나 또는 어깨 너비로 벌리고 곧게 선다.

동작 : 스쿼트 자세로 낮게 앉아서, 스쿼트의 지지면을 유지하면서, 양팔은 귀의 정렬과 나란하게 머리 위로 올려준다(그림 참조).

정렬 : 척추를 중립적인 정렬을 유지하고, 가슴을 펴주고, 어깨는 이완되어 아래로 내려가게 하여 귀와 멀어지게 한다.

호흡 : 스쿼트로 내려가는 동안 숨을 내쉬고, 팔을 들어 올리면서 숨을 들이 마신다. 일어 서기 전에 3번에서 5번 정도 호흡을 유지한다.

진행과정 시 조절사항 :

- 발란스 능력을 높이려면 양발을 모아준다.
- 밸런스 능력을 감소시키려면 양발을 엉덩이 너비로 벌린다.
- 강도를 높이려면 의자 포즈에서 5번 이상의 호흡을 한다.
- 강도를 줄이려면 엉덩이를 높게 유지한다.

명상 : 코어 근육, 특히 복부에 주의를 기울인다. 의식적으로 허벅지에서 복벽을 들어 올리면서 허리 아래 부분을 지지한다.

상체 회전 의자 자세 (Revolving Chair)

시작 자세 : 양발을 함께 모아주거나 또는 어깨 너비로 벌리고 곧게 선다.

동작 : 스쿼트 자세로 낮게 앉아서, 스쿼트의 지지면을 유지하면서, 양팔은 가슴 앞에 합장(기도) 자세로 두손을 모아준다.(그림 a 참조). 양쪽 골반은 무릎과 일직선이 되게 해주면서 직각이 되게 해주며, 상체를 돌려서 팔꿈치를 반대쪽 허벅지 방향으로 가져간다(그림 b 참조).

정렬 : 몸무게는 몸을 회전시키는 동안에도 양발과 무릎의 정렬 위에 일정하게 유지한다.

호흡 : 스쿼트로 내려가는 동안 숨을 내쉬고, 팔을 들어 올리면서 숨을 들어 마신다. 한쪽으로 회전하면서 숨을 내쉰다. 호흡을 3~5회 유지한다. 중심으로 되돌아오면서 숨을 들이 마신다. 일어나면서 숨을 내쉰다. 반대편도 반복한다.

진행과정 시 조절사항 :

- 발란스 능력을 높이려면 양발을 모아준다.
- 밸런스 능력을 감소시키려면 양발을 엉덩이 너비로 벌린다.
- 강도를 높이려면 의자 포즈에서 5번 이상의 호흡을 한다.
- 강도를 줄이려면 엉덩이를 높게 유지한다.

명상 : 회전을 하는 동안 길고 천천히 숨을 내쉬면서 몸과 마음의 긴장을 부드럽게 해준다. 자세를 유지하면서 마음을 평화롭게 유지한다.

한 발 스쿼트 자세 (Single-Leg Squat)

a

b

시작 자세 : 바르게 선 자세에서 한 발은 바닥을 지지하고 반대편 발을 들어 올리면서 한발로 균형을 유지한다(그림 a 참조).

동작 : 발을 들어 올리면서, 바닥을 지지하는 무릎을 구부려주면서 스쿼트 자세로 낮추어준다 (그림 b 참조). 한 발로 균형을 잡으면서 무릎을 굽힌다.

정렬 : 발의 중앙에 무릎을 맞추어 주면서, 스쿼트 자세로 내려가면서 양 엉덩이 뒤쪽으로 몸무게가 가게 해준다.

호흡 : 스쿼트로 내려가는 동안 숨을 내쉬고, 스쿼트로 내려간 자세에서 숨을 들어 마시고 유지한다. 일어서면서 숨을 내쉰다. 한쪽 면마다 5회에서 8회 완료한다.

진행과정 시 조절사항 :

- 강도를 높이려면 반복을 반복하거나 스쿼트를 더 낮게 한다.
- 균형 잡는 것을 보조해주려면 의자의 뒷부분이나 벽에 손을 올려놓고 한다.

명상 : 바닥에 놓여서 지지하는 발에 들어오는 이 균형 운동을 통한 좀 더 강력한 안정성에 집중하여 주의를 기울인다. 발이 바닥 쪽으로 뿌리를 내리는 것을 생각해본다.

무릎 구부려 인사하는 스쿼트 자세 (Curtsy Squat)

a

b

시작 자세 : 한 발을 바닥에 내리고 반대쪽 발을 균형을 잡을 수 있을 만큼 들어 올린다(그림 a 참조).

동작 : 발을 들어 올린 상태에서 스쿼트 자세로 낮추어 주면서, 들어 올린 다리를 대각선 뒤쪽으로 가져가서 발가락이 바닥에 닿게 해준다(그림 b 참조). 선 자세 균형을 유지한다.

정렬 : 어깨와 엉덩이를 앞으로 향하게 하면서 다리는 무릎을 구부린 채로 반대편으로 가져간다. 앞쪽의 무릎은 발 중앙에 잘 유지시켜 준다.

호흡 : 스쿼트로 내려가는 동안 숨을 내쉬고, 스쿼트로 내려간 자세에서 숨을 들어 마시고 유지한다. 일어서면서 숨을 내쉰다. 한쪽 면마다 5회에서 8회 완료한다.

진행과정 시 조절사항 :

- 강도를 높이려면, 반복 횟수를 증가시키거나 스쿼트 자세를 낮추어준다.
- 동작의 크기와 코어 상태를 증가시켜 주려면, 팔을 들어 올리고 스쿼트를 하는 동안 상체의 회전을 증가시켜 준다. 회전은 뒤로 가는 다리 방향으로 해준다.
- 균형 잡는 것을 보조해주려면 의자의 뒷부분이나 벽에 손을 올려놓고 한다.

명상 : 이 운동은 힘과 균형을 키워주며, 긍정적으로 생각하게 해주며 당신의 마음이 우아해지는데 집중한다.

발레 스쿼트 자세 (Ballet Squat)

a

b

시작 자세 : 발을 어깨 너비로 하거나 약간 넓게 벌려 서주며, 양쪽 엉덩이는 발을 바깥 돌림 방향으로 외측 회전을 시켜주고, 무릎을 발 위의 선상에 정렬시켜준다(그림 a 참조). 골반은 수직으로 유지하여 흉곽이 양쪽 엉덩이의 중앙에 위치하게 해준다. 골반 바닥과 하복부 근육을 들어 올려주어, 코어의 수축을 이끌어낸다.

동작 : 발레 스쿼트 자세로 몸을 낮추어주면서 몸통과 골반을 중립으로 정렬을 유지하며, 꼬리뼈가 아래를 향하게 한다(그림 b 참조). 바닥을 눌러주면서 똑바로 다리를 펴, 완전히 일어서는데 이 때 무릎은 과신전 되지 않아야 한다.

정렬 : 스쿼트를 하면서 아래로 내려갈 때, 무릎이 발가락을 넘어서지 않게 한다. 발의 안쪽과 바깥쪽 가장자리에 동일한 압력을 유지해준다.

호흡 : 코어를 만들어줄 때 숨을 들어 마시고, 발레 스쿼트 자세로 몸을 내릴 때 숨을 내쉰다. 내린 상태를 유지할 때 숨을 들이 마신다. 일어나면서 숨을 내쉰다. 8-15 번 반복한다.

진행과정 시 조절사항 :

- 강도를 추가하려면 더 많은 반복을 해준다.
- 균형 잡는 것을 보조해주려면 의자의 뒷부분에 손을 올려놓고 한다.

명상 : 몸을 낮추거나 올려줄 때 엉덩이에서 움직임을 느껴보며, 엉덩이는 무릎의 정렬을 유지하기 위해 바깥쪽으로 회전한다. 바닥으로부터 오는 엄지발가락의 압력과 허벅지가 바깥으로 말리듯이 회전하는 것을 상상해본다.

발레 스쿼트 자세에서 발 뒤꿈치 들기 자세 (Ballet Squat With Heel Raise)

a

b

시작 자세 : 발을 어깨 너비로 하거나 약간 넓게 벌려 서주며, 양쪽 엉덩이는 발을 바깥으로 돌린 방향으로 외측 회전을 시켜주고, 무릎을 발 위의 선상에 정렬시켜준다(그림 a 참조). 골반은 수직으로 유지하여 흉곽이 양쪽 엉덩이의 중앙에 위치하게 해준다. 골반 바닥과 하복부 근육을 들어 올려주어, 코어의 수축을 이끌어 낸다.

동작 : 발레 스쿼트 자세로 몸을 낮추어주면서 몸통과 골반을 중립으로 정렬을 유지하며, 꼬리뼈가 아래를 향하게 하며, 양 발 뒤꿈치를 들어 올린다(그림 b 참조). 발뒤꿈치를 내려준다. 바닥을 누르면서 양 다리를 펴주면서 완전하게 일어난다.

정렬 : 스쿼트를 하면서 아래로 내려갈 때, 무릎이 발가락을 넘어서지 않게 한다. 발의 안쪽과 바깥쪽 가장자리에 동일한 압력을 유지해준다.

호흡 : 코어를 만들어줄 때 숨을 들어 마시고, 발레 스쿼트 자세로 몸을 내릴 때 숨을 내쉰다. 발 뒤꿈치를 들어 올리면서 숨을 들이 마시고, 발뒤꿈치를 아래로 내려주거나, 일어날 때 숨을 내쉰다. 8– 12번 반복한다.

진행과정 시 조절사항 :

- 강도를 추가하려면 더 많은 반복을 해주거나 더 낮은 스쿼트 자세를 유지하거나 발뒤꿈치를 들어 올리는 동작을 반복해 준다.
- 균형 잡는 것을 보조해주려면 의자의 뒷부분이나 벽에 손을 올려놓고 한다.

명상 : 발 뒤꿈치를 들어 올리고 내릴 때, 당신의 코어와 골반저 근육을 올려주는 동작의 조절을 통하여 발의 움직임을 조절해준다는 것을 느껴본다.

런지 자세 (Lunge)

a

b

시작 자세 : 발을 엉덩이 너비로 벌려 서주며, 무릎을 발 위의 선상에 정렬시켜준다. 척추의 중립적인 정렬을 유지한다. 양 어깨는 이완되어 아래로 떨러뜨리며 귀에서부터 멀어지며 앞쪽 가슴을 펴주면서 약간 뒤로 놓는다(그림 a 참조).

동작 : 한쪽 다리를 뒤로 내밀면서 90° 이상 앞으로 구부린다. 무릎은 발목 바로 위에 있다. 동시에 반대편 무릎은 척주 정렬에서 중립을 유지하고 바닥으로 굽힌다(그림 b 참조). 코어 근육을 동원시키며, 바닥을 밀어주면서 위로 올라오는 발로 바닥에 압력을 가하면서 척추를 중립적인 자세로 유지한다. 팔은 균형을 잡아주기 위해 앞쪽이나 옆쪽에 뻗어준다. 다리를 펴주면서 바닥을 눌러준다.

정렬 : 발의 중앙에 무릎을 맞추어준다. 척추는 중립적인 정렬로 유지해준다. 어깨는 이완시켜서 아래로 떨어지게 하여 귀로부터 멀어지게 하고, 앞의 가슴을 펴주어서 약간 뒤로 향한다.

호흡 : 숨을 내쉴 때 압력을 주면서 일어서고, 골반과 척추, 어깨높이의 중립적인 정렬을 유지한다. 몸을 내리면서 숨을 들이 마신다. 한쪽 방향에서 8~15회 반복한다.

기술적인 조언 :

- 앞발의 볼과 뒤꿈치를 균등하게 눌러준다.
- 발뒤꿈치로 바닥에서 들어 올리면서 운동을 수행하고 발뒤꿈치는 발의 볼 위로 놓는다.
- 무릎을 발 위로 일직선으로 유지한다; 무릎이 안쪽이나 바깥쪽으로 빠지는 것을 피한다.
- 엉덩이는 수직선으로 위아래로 움직인다.
- 운동 중에 가슴을 들고 척추를 길게 유지해준다.
- 어깨를 이완시켜 아래로 내려주어 귀에서 멀어지게 한다.
- 머리는 척추와 중립적으로 정렬해준다.

진행과정 시 조절사항 :

- 내려가거나 올라올 때의 다양한 리듬에 의한 런지의 박자를 변화시켜준다: 2박자로 오르고 내리거나, 4박자로 오르고 내리거나, 3박자로 오르고 내리거나 그리고 1박자에 오르고 1박자에 내려가는 것을 3번 해준다.
- 강도를 추가하려면 런지 자세에서 내려간 상태에서 등척성 수축(움직임이 없는)을 2번에서 8번 세고난 후에 일어서기를 반복한다.
- 런지 자세를 높게 취하는 것은 강도를 줄여준다.

명상 : 다른 쪽과 비교하여 한 쪽 발의 느낌을 비교해본다. 다른 쪽과 비교하여 신체의 한쪽면의 긴장이 증가하는지 또는 힘이나 균형이 줄어드는지, 한쪽 면이 약하다면 신체의 양쪽이 같아지도록 약한쪽 면의 운동에 더 많은 시간을 할애하여 실시한다.

런지 자세에서 비틀기 (Revolving Lunge)

a

b

c

시작 자세 : 발을 엉덩이 너비로 벌려 서주며, 무릎을 발 위의 선상에 정렬시켜준다. 척추의 중립적인 정렬을 유지한다. 양 어깨는 이완되어 아래로 떨러뜨려 귀에서부터 멀어지게 하며 앞쪽 가슴을 펴주면서 약간 뒤로 한다(그림 a 참조).

동작 : 한쪽 다리를 뒤로 내밀면서 90° 이상으로 앞으로 구부린다(그림 b 참조). 무릎은 발목 바로 위에 놓는다. 뒤쪽의 무릎은 편 상태를 유지하면서 발볼은 바닥 위에 놓고 발뒤꿈치만 올려준다.
양 손은 가슴 앞에 기도하는 자세로 가져간다. 몸통을 앞으로 구부리고 반대편 팔꿈치를 허벅지 앞으로 가로질러 가져오고 엉덩이로부터 시작하여 머리의 정수리 부위를 회전한다(그림 C 참조). 반대쪽 허벅지에 팔꿈치를 놓는다. 손끝은 정면을 향하게 하고 시선은 위쪽 팔꿈치를 향하게 한다.

정렬 : 뒷발로 바닥을 딛은 상태를 유지하면서 다리를 안쪽으로 말아주듯이 뒤쪽 다리에서 회전을 시작한다. 흉곽, 척추 및 어깨를 통해 회전을 마무리하고, 몸 전체를 통하여 회전시키는 느낌을 준다.

호흡 : 앞으로 구부리면서 숨을 들이 마신다. 런지 자세에서 회전하면서 숨을 내쉰다. 호흡을 자연스럽게 하여 원치 않는 긴장을 풀어준다. 한쪽 당 3~5회 호흡을 유지한다.

진행과정 시 조절사항 :

- 강도를 높이려면 앞쪽의 무릎을 90° 각도로 만들어서 엉덩이를 내려준다.
- 회전을 증가시키려고 한다면, 팔을 벌려 한 손을 아래로 내려주고 다른 한 손은 올려준다.
- 런지 자세를 높게 하면 강도가 감소된다.
- 회전이 너무 힘든 경우, 허벅지에 손을 올리고 반대편 손은 엉덩이에 올려준다.

명상 : 당신의 호흡에 의식을 가져온다. 당신의 호흡은 당신이 회전하는 것을 좀 더 자유롭고 깊게 만들어줄 것이다. 당신의 호흡이 제한되면, 척추를 길게 늘려주면서 가슴을 열어준다.

초승달 런지 자세 (Crescent Lunge)

a

b

시작 자세 : 발을 엉덩이 너비로 벌려 서주며, 무릎을 발 위의 선상에 정렬시켜준다. 척추의 중립적인 정렬을 유지한다. 양 어깨는 이완되어 아래로 떨어뜨리며 귀에서부터 멀어지며 앞쪽 가슴을 펴주면서 약간 뒤로 한다(그림 a 참조).

동작 : 한쪽 다리를 뒤로 내밀면서 90° 이상 앞으로 구부린다(그림 b 참조). 무릎은 발목 바로 위에 놓는다. 뒤쪽의 무릎은 편 상태를 유지하면서 발볼은 바닥 위에 놓고 발뒤꿈치만 올려준다. 손바닥을 서로 마주 보게 한 뒤 양 팔을 머리 위로 올린다(그림 b 참조). 코어 근육을 활성시켜 중립적인 척추 자세를 유지한다.

정렬 : 중립적인 위치에 골반과 척추를 정렬하고, 갈비뼈를 엉덩이 위에 놓는다. 코어 근육을 활성화하여 중립적인 척추 자세를 유지한다.

호흡 : 양 팔을 머리 위로 뻗으면서 숨을 들이 마신다. 숨을 내쉬면서 원치 않는 긴장을 풀어준다. 한쪽 방향 당 3~5회 호흡을 유지한다.

진행과정 시 조절사항 :

- 강도를 높이려면 앞쪽의 무릎을 90° 각도로 만들어서 엉덩이를 내려준다.
- 상체의 스트레칭을 더 하고 싶다면, 양 팔을 등 뒤로 뻗어주고 양 손가락을 교차하여 잡아준다. 팔을 곧게 펴주고, 양 손을 위로 들어주어 앞쪽의 어깨와 가슴이 열리게 해준다.
- 런지 자세를 높게 하면 강도가 감소된다.
- 스트레칭이 더 깊어지게 하려면, 런지 자세를 낮게 만들 때 양 손을 바닥으로 가져간다.
- 균형을 더 좋게 하려면, 가슴 앞에 있는 팔을 뻗어주거나 앞쪽을 바라본다.

명상 : 엉덩이의 자세에 중점을 둔다. 엉덩이 높이를 어깨 아래로 유지한다. 꼬리뼈를 아래쪽으로 돌리면 앞쪽 다리 후면의 스트레치가 증가함을 알 수 있다.

전사 자세 1 (Warrior 1)

a

b

시작 자세 : 발을 엉덩이 너비로 벌려 서주며, 무릎을 발 위의 선상에 정렬시켜 준다. 척추의 중립적인 정렬을 유지한다. 양 어깨는 이완되어 아래로 떨어뜨리며 귀에서부터 멀어지며 앞쪽 가슴을 펴주면서 약간 뒤로 한다(그림 a 참조).

동작 : 한쪽 다리를 뒤로 내밀면서 90° 이상 앞으로 구부린다(그림 b 참조). 무릎은 발목 바로 위에 놓는다. 뒤쪽의 무릎은 편 상태를 유지하면서 발볼은 바닥 위에 놓고 발뒤꿈치를 안쪽으로 돌려서 내려 놓고 엉덩이를 바깥방향으로 돌려준다. 뒤쪽 다리의 발날(바깥 부분)을 눌러주면서, 다리를 들어 올려주고, 엉덩이를 앞쪽으로 돌려준다. 골반저 근육과 하복부 근육으로 코어 근육을 활성화하여 중립적인 척추 자세를 유지한다. 손바닥을 서로 마주 보게 하여 양 팔을 머리 위로 올린다(그림 b 참조).

정렬 : 엉덩이와 발을 바깥으로 회전하면서, 골반과 몸통을 정면 쪽으로 회전한다. 양 어깨는 이완되어 아래로 떨어뜨리며 귀에서부터 멀어지며 앞쪽 가슴을 펴주면서 약간 뒤로 한 상태에서 양팔을 들어 올린다.

호흡 : 양 팔을 머리 위로 뻗으면서 숨을 들이 마신다. 숨을 내쉬면서 원치 않는 긴장을 풀어준다. 한쪽 방향 당 3~5회 호흡을 유지한다.

진행과정 시 조절사항 :

- 골반이나 등이 불편하거나 균형감을 도와주려면 뒤로 향하는 발을 바깥으로 돌려 지지면을 넓게하여 선다.
- 런지 자세를 좀 더 높게 해주는 것은 강도를 줄여준다.

명상 : 엉덩이의 위치에 중점을 둔다. 꼬리뼈를 아래쪽으로 돌리면 앞쪽 다리 후면의 스트레치가 증가함을 알 수 있다.

전사 자세 2 (Warrior 2)

a

b

시작 자세 : 발을 엉덩이 너비로 벌려 서주며, 무릎을 발 위의 선상에 정렬시켜준다. 척추의 중립적인 정렬을 유지한다. 양 어깨는 이완되어 아래로 떨어뜨리며 귀에서부터 멀어지며 앞쪽 가슴을 펴주면서 약간 뒤로 한다(그림 a 참조).

동작 : 한쪽 다리를 뒤로 내밀면서 90° 이상으로 앞으로 구부린다(그림 b 참조).
무릎은 발목 바로 위에 놓는다. 발가락을 바깥으로 놓으면서 바깥 방향으로 돌려주고 90° 이상이 되게 뒤쪽의 엉덩이를 벌려준다.
발의 안쪽 아취를 들어 올리는 듯이 발의 바깥쪽 모서리를 눌러준다.
양 팔은 어깨높이로 올려주고 한 팔은 앞으로 다른 팔은 뒤로 뻗는다(그림 b 참조).
앞쪽 팔의 상방을 바라본다. 앞쪽으로 내민 엉덩이, 무릎, 발을 일직선으로 정렬을 유지한다.
앞쪽의 엉덩이를 뒤쪽의 엉덩이가 열릴 수 있을 만큼 돌려준다. 양 팔은 목과 어깨의 긴장 없이 뻗어준다.

정렬 : 무릎을 앞쪽 발 중앙에 정렬시킨다. 정강이 자세는 무릎부터 발뒤꿈치까지 일직선을 이루게 한다. 갈비뼈는 양 엉덩이의 중앙에 놓여지고, 골반은 중립으로 정렬을 해준다.

호흡 : 양 팔을 머리 위로 뻗으면서 숨을 들이 마신다. 숨을 내쉬면서 원치 않는 긴장을 풀어준다. 한쪽 방향 당 3~5회 호흡을 유지한다.

진행과정 시 조절사항 :

- 강도를 높이려면 앞쪽의 무릎을 90° 각도로 만들어서 엉덩이를 내려준다.
- 런지 자세를 좀 더 높게 해주는 것은 강도를 줄여준다.

명상 : 당신의 호흡에 주의를 기울인다. 3D 호흡 기술은 이 역동적인 운동에서 힘을 준다. 숨을 들이마시면서 이 힘에 집중해본다. 숨을 내쉬면서 원치 않는 긴장을 풀어준다.
힘과 평온함 사이의 균형을 찾는다.

역전 전사 자세 (Reverse Warrior)

a

b

시작 자세 : 발을 엉덩이 너비로 벌려 서주며, 무릎은 발 위의 선상에 정렬시켜준다. 척추는 중립적인 정렬을 유지한다. 양 어깨는 이완되어 아래로 떨어뜨리며 귀에서부터 멀어지게 하며 앞쪽 가슴을 펴주면서 약간 뒤로 젖힌다(그림 a 참조).

동작 : 한쪽 다리를 뒤로 내밀면서 90° 이상으로 앞으로 구부린다(그림 b 참조).
무릎은 발목 바로 위에 놓는다. 발가락을 바깥으로 놓으면서 뒤쪽의 엉덩이를 바깥 방향으로 돌려주고 90° 이상이 되게 엉덩이를 벌려준다.
발의 안쪽 아취를 들어 올리는 듯이 발의 바깥쪽 모서리를 눌러준다.
양 팔은 어깨높이로 올려주고 한 팔은 앞으로 다른 팔은 뒤로 뻗는다.
앞쪽 팔의 상방을 바라본다. 앞쪽으로 내민 엉덩이, 무릎, 발을 일직선으로 정렬을 유지한다.
앞쪽의 엉덩이를 뒤쪽의 엉덩이가 열릴 수 있을 만큼 돌려준다. 한 쪽 팔을 옆쪽으로 머리 위로 올려주면서, 앞쪽의 허리가 스트레칭이 되도록 해주며 뒤쪽의 팔은 뒤쪽의 바닥을 향해서 뻗어 준다(그림 b 참조).

정렬 : 무릎을 앞쪽 발 중앙에 정렬시킨다. 정강이 자세는 무릎부터 발뒤꿈치까지 일직선을 이루게 한다. 갈비뼈는 양 엉덩이의 중앙에 놓여지고, 골반은 중립적인 정렬을 해준다.

호흡 : 양 팔을 머리 위로 뻗으면서 숨을 들이 마신다. 숨을 내쉬면서 원치 않는 긴장을 풀어준다. 한쪽 방향 당 3~5회 호흡을 유지한다.

진행과정 시 조절사항 :

- 강도를 높이려면 앞쪽의 무릎을 90° 각도로 만들어서 엉덩이를 내려준다.
- 뒤쪽의 손을 허벅지 위에 올려놓고 허리를 지탱한다.
- 런지 자세에서 좀 더 높게 서는 것은 강도를 줄여준다.
- 두 번째 전사 자세와 역전 전사를 유동적으로 바꾸어 가면서 한다.

명상 : 늑골을 하부 허리에 압력을 주지 않은 채로 엉덩이로부터 위로 올려 주는 것으로 몸의 앞부분에 공간을 만드는 방법에 주목한다.

측면을 뻗는 삼각 자세 (Extended Side Angle)

a

b

시작 자세 : 발을 엉덩이 너비로 벌려 서주며, 무릎을 발 위의 선상에 정렬시켜준다. 척추의 중립적인 정렬을 유지한다. 양 어깨는 이완되어 아래로 떨어뜨리며 귀에서부터 멀어지며 앞쪽 가슴을 펴주면서 약간 뒤로 놓는다(그림 a 참조).

동작 : 한쪽 다리를 뒤로 내밀면서 90° 이상으로 앞으로 구부린다(그림 b 참조).
무릎은 발목 바로 위에 놓는다. 발가락을 바깥으로 놓으면서 뒤쪽의 엉덩이를 바깥 방향으로 돌려주고 90° 이상이 되게 엉덩이를 벌려준다.
발의 바깥쪽 가장자리를 눌러 발의 안쪽 아치를 들어 올려준다.
양 팔은 어깨높이로 올려주고 한 팔은 앞으로 다른 팔은 뒤로 뻗는다.
흉곽을 앞쪽으로 구부려 주면서 앞 팔뚝이 앞 허벅지에 놓고, 뒤쪽 팔을 머리 위쪽으로 대각선으로 가져가서, 발 바깥쪽 가장자리에서부터 다리, 몸통, 팔, 마지막으로 손가락 끝에 이르는 대각선 라인을 만들어준다 (그림 b 참조). 허리를 길게 유지하고 코어를 동원시키면서 상체가 다리 앞쪽으로 무너지는 것을 방지한다. 위쪽의 팔을 바라본다.

정렬 : 앞 다리의 엉덩이, 무릎 및 발의 정렬을 맞추어준다. 뒤쪽의 엉덩이를 벌려주면서 회전시키고 앞쪽의 엉덩이를 아래로 한다. 어깨의 긴장없이 팔을 머리 위로 올려준다. 허리를 길게 유지하고 코어를 동원시키면서 상체가 다리 앞쪽으로 무너지는 것을 방지해 준다.

호흡 : 포즈를 시작하면서 앞쪽으로 가져갈 때 숨을 들이 마신다. 팔뚝을 허벅지에 대고 반대쪽 팔을 머리 위로 들어 올릴 때 숨을 내쉰다. 한쪽 방향 당 3~5회 호흡을 유지한다.

진행과정 시 조절사항 :

- 강도를 높이려면 앞쪽의 무릎을 90° 각도로 만들어서 엉덩이를 내려준다.
- 스트레칭을 증가시키려면 앞쪽 손을 앞쪽 발의 앞면의 안쪽 바닥에 놓아준다.
- 런지 자세에서 좀 더 높게 서는 것은 강도를 줄여준다.
- 역전 전사와 길게 늘린 옆면 각 자세를 유동적으로 바꾸어 가면서 한다.

명상 : 코어를 동원하여 3D 호흡 기술을 사용하여 원치 않는 긴장을 풀어준다.

한발 서기 균형 자세 (Single-Leg Balance)

a

b

시작 자세 : 양 발을 모아주거나 어깨넓이로 벌려 서주는데 양발의 앞과 뒤 4부분이 동일하게 압력을 준다. 골반을 뒤로 말아주듯이 하여 대퇴사두근이 수축하게 한다(그림 a 참조).
배꼽을 안쪽으로 당기면서 횡경막 쪽으로 올리는 것을 생각하면서
골반저 근육에서부터 복부 근육을 올려준다.
가슴이 들어 올려지고 시선은 머리를 중립적인 정렬을 맞춘 상태에서 턱은 당겨주고
정면보다 약간 머리 위쪽을 바라본다.

동작 : 균형을 유지하기 위해 어깨 높이에서 팔을 옆으로 가져온다.
척추를 중립적이고 길게 유지해준다. 한쪽 발은 펴주면서 단단히 지면을 고정시켜주고,
반대편 다리는 무릎을 구부린 자세로 올려주고, 곧게 편 채로 지지해준다(그림 b 참조).
양 어깨는 이완되어 아래로 떨어뜨리며 귀에서부터 멀어지며 앞쪽 가슴을 펴주면서
약간 뒤쪽으로 젖혀준다.

정렬 : 자세를 높이는데 주의를 기울여야 하고, 발부터 머리 꼭대기까지 길게 늘려준다.
들어 올린 한쪽 다리는 골반 높이를 유지하고 골반 높이는 서로 같게 유지한다.

호흡 : 다리를 들어 올리면서 균형을 잡을 때 숨을 들이 마신다. 호흡은 자연스럽게
한 다리로 균형을 유지하는 동안 각 방향마다 5~10회 호흡을 한다.

기술적인 조언 :

- 발의 볼과 발 뒤꿈치에 동일하게 압력을 준다.
- 지지 다리를 똑바로 세우고 발 위로부터 무릎의 정렬을 유지한다.
- 양쪽 엉덩이를 서로 평행하게 유지하고 양쪽 골반도 평행하게 유지되도록 해주며,

한쪽으로 기울어지지 않게 한다.

- 어깨를 이완하여 아래로 내려 귀에서부터 멀어지게 하고 가슴을 들어 올려준다.
- 시선을 부드럽게 유지한다.

진행과정 시 조절사항 :

- 강도를 높이려면 균형잡는 것을 길게 해준다.
- 양팔을 머리위로 들어 올려주는 것은 균형감각을 더욱 자극해준다.
- 손을 엉덩이로 가져가는 것은 골반 정렬에 대한 인식을 갖게 해준다.
- 다리를 내리고 들어 올려주는 것은 균형감에 동적인 도전을 하게 해준다.
- 균형 잡는 것을 보조해주려면 의자의 뒷부분이나 벽에 손을 올려놓고 한다.

명상 : 더 나은 균형을 제공해줄만한 고요하고 조용한 무언가에 당신의 시선을 집중해준다.
눈이 방황하면, 마음이 방황하고 몸은 균형을 잃게 된다.

사이드 균형 자세 (Side Balance)

a

b

시작 자세 : 양 발을 모아주거나 어깨넓이로 벌려서 서주고 양발의 앞 뒤 4부분에 동일하게 압력을 준다. 골반을 뒤로 말아주듯이 하여 대퇴사두근이 수축하게 한다(그림 a 참조). 배꼽을 안쪽으로 당기면서 횡경막 쪽으로 올리는 것을 생각하면서 골반저 근육에서부터 복부 근육을 올려준다. 가슴이 들어 올려지고 시선은 머리를 중립적인 정렬을 맞춘 상태에서 턱은 당겨주고 정면보다 약간 머리 위쪽을 바라본다. 자세를 곧게 펴서 길게 늘려주듯이 만드는데 주의를 기울여, 발에서부터 머리 꼭대기까지 길게 늘려준다.

동작 : 두 다리를 똑바로 유지하고 한 발을 땅바닥에 단단히 누르면서 고정을 해주며, 한쪽으로 몸을 기울이는 동안 반대편 발을 들어 올려 유지시켜준다(그림 b 참조). 어깨 높이로 양 팔을 바깥으로 벌려준다. 한쪽으로 기울이면서 이 정렬을 유지한다.

정렬 : 지지해주는 다리는 곧게 펴주며, 척추는 중립적인 정렬을 해준다. 양 어깨는 이완되어 아래로 떨어뜨리며 귀에서부터 멀어지며 앞쪽 가슴을 펴주면서 약간 뒤쪽으로 놓아준다.

호흡 : 다리를 들어올리면서 균형을 잡을 때 숨을 들이 마신다. 한쪽으로 몸을 기울일 때 숨을 내쉰다. 호흡은 자연스럽게 한 다리로 균형을 유지하는 동안 각 방향마다 5~10회 호흡을 한다.

진행과정 시 조절사항 :

- 강도를 높이려면 균형을 잡고 있는 자세를 길게 유지한다.
- 양팔을 머리 위로 들어 올려주는 것은 균형감각을 더욱 자극해준다.
- 들어 올린 다리를 내리거나 올려주는 것은 균형감각에 역동적인 변화를 더해주고, 골반의 외측면을 더 강하게 해준다.
- 균형 잡는 것을 보조해주려면 의자의 뒷부분이나 벽에 손을 올려놓고 한다.

명상 : 유리의 두 판 사이에 서있다고 상상해보는 것은 몸이 앞으로나 뒤로 움직이지 않게 해준다.

나무 자세 (Tree Pose)

a

b

시작 자세 : 양 발을 모아주거나 어깨넓이로 벌려서 서주는데 양발의 앞과 뒤 4부분에 동일하게 압력을 준다. 골반을 뒤로 말아주듯이 하여 대퇴사두근이 수축하게 한다.
배꼽을 안쪽으로 당기면서 횡경막 쪽으로 올리는 것을 생각하면서
골반저 근육에서부터 복부 근육을 올려준다.
가슴이 들어 올려지고 시선은 머리를 중립적인 정렬을 맞춘 상태에서 턱은 당겨주고
정면보다 약간 머리 위쪽을 바라본다. 자세를 곧게 펴서 길게 늘려주듯이 만드는데 주의를 기울이고,
발에서부터 머리 꼭대기까지 길게 늘려준다(그림 a 참조).

동작 : 두 다리를 똑바로 유지하고 한 발을 땅바닥에 단단히 누르면서 고정을 해주며,
반대편 다리를 들어 올린다. 골반을 벌려주며 발을 땅에 단단히 누르고 다리를 똑바로 세운다.
옆으로 엉덩이를 벌려주면서 발바닥을 지지하는 반대편 다리의 발목과 종아리의 안쪽을
허벅지의 안쪽에 올려놓는다 (그림 b 참조).
양 어깨는 이완되어 아래로 떨어뜨리며 귀에서부터 멀어지며 앞쪽 가슴을 펴주면서
약간 뒤쪽으로 젖혀준다.
골반의 높이를 유지시켜주면서 나무 자세에서 다리를 들어 올린 쪽으로
골반이 회전하거나 뒤로 빠지는 것을 피한다.

정렬 : 지지해주는 다리는 곧게 펴주며, 척추는 중립적으로 정렬한다.
양 어깨는 이완되어 아래로 떨어뜨리며 귀에서부터 멀어지며 앞쪽 가슴을 펴주면서
약간 뒤쪽으로 젖혀준다.
골반의 높이를 유지시켜주면서 나무 자세에서 다리를 들어 올린 쪽으로 골반이 회전하거나
뒤로 빠지는 것을 피한다.

호흡 : 다리를 들어 올리면서 균형을 잡을 때 숨을 들이 마신다. 골반을 벌려서
지지하는 다리 쪽에 발을 올려줄 때 숨을 내쉰다. 호흡은 자연스럽게 한 다리로 균형을 유지하는 동안
각 방향마다 3~5회 호흡을 한다.

진행과정 시 조절사항 :

- 강도를 높이려면 균형을 잡고 있는 자세를 길게 유지한다.
- 양팔을 머리 위로 들어 올려주는 것은 균형감각을 더욱 자극해준다.
- 균형 잡는 것을 보조해주려면 의자의 뒷부분이나 벽에 손을 올려놓고 한다

명상 : 호흡의 리듬에 중점을 둔다. 각 내쉬는 호흡마다, 지면에 뿌리를 내리듯이
지지하는 발이 더욱 강해진다. 각 들이마시는 호흡마다 들어 올린 다리 쪽의 발에서부터
머리의 정수리까지 감각이 생겨난다.

전사 자세 3 (Warrior 3)

a

b

c

시작 자세 : 양 발을 모아주거나 어깨넓이로 벌려서 서주는데 양발의 앞 뒤 4부분에 동일하게 압력을 준다; 대퇴사두근을 수축하여 골반쪽으로 말리는 듯한 감각을 느끼게 된다 (그림 a 참조). 배꼽을 안쪽으로 당기면서 횡경막 쪽으로 올리는 것을 생각하면서 골반저근육에서부터 복부 근육을 올려준다.
가슴이 들어 올려지고 머리를 중립적인 정렬로 맞춘 상태에서 턱은 당겨주고 시선은 정면보다 약간 위쪽을 바라본다.
자세를 곧게 펴서 길게 늘려주듯이 만드는데 주의를 기울여, 발에서부터 머리 꼭대기까지 길게 늘려준다.

동작 : 어깨 높이로 양 팔을 바깥으로 들어준다. 몸무게를 한 다리에 실어주는데 그 다리는 곧게 펴주고, 몸통을 앞으로 기울이면서 반대편 다리를 뒤로 들어 올린다. 몸통과 머리, 들어 올린 다리가 일직선이 되게 만들어주어 몸을 T자형으로 만든다(그림 b 참조).

정렬 : 지지하는 다리는 일직선으로 만들고, 척추는 중립적인 정렬을 만들며, 머리는 등의 선과 일치하게 한다. 양 어깨는 이완되어 아래로 떨어뜨리며 귀에서부터 멀어지며 앞쪽 가슴을 펴주면서 약간 뒤쪽으로 놓아준다. 머리부터 들어 올린 발까지의 몸을 일직선이 유지되는 한도에서 기울여준다. 양쪽 골반이 서로 일직선이 되도록 유지한다.

호흡 : 엉덩이로부터 다리를 들어 올리면서 몸을 기울일 때 숨을 내쉰다. 호흡은 자연스럽게 한 다리로 균형을 유지하는 동안 각 방향마다 3~5회 호흡을 한다. 선 자세로 되돌아올 때 숨을 들이 마신다.

진행과정 시 조절사항 :

- 강도를 높이려면 균형을 잡고 있는 자세를 길게 유지한다.
- 들어 올린 팔이 머리 위로 더 들어 올려주는 것은 균형감각을 더욱 자극해준다(그림 c 참조).
- 양 팔을 머리 위로 올리고 한 팔은 올리고 한 팔은 내리는 수영 동작으로 움직여 주는 것은 균형감각에 역동적인 변화를 더해준다.
- 균형 잡는 것을 보조해주려면 의자의 뒷부분이나 벽에 손을 올려놓고 한다.

명상 : 의심의 마음을 가라 앉히고 당신의 생각을 말로 대체한다.

반달 자세 (Half Moon)

a

b

시작 자세 : 서있는 자세를 만들어주고, 앞으로 구부려서 앞으로 구부린 자세를 취한다(그림 a 참조). 척추는 중립적인 정렬 유지한다.

동작 : 한 손의 손가락 끝을 거의 몸통 길이만큼 발 앞쪽에 놓아주고, 지지하는 다리는 곧게 펴주며, 반대편 다리는 바닥과 평행할 때까지 들어 올려 주며, 엉덩이는 척추를 중립적으로 유지하면서 발가락이 옆쪽을 향하도록 벌려서 돌려준다(그림 b 참조). 다른 한 손은 가슴을 열어주면서 엉덩이에 올리거나 위로 올린다. 들어 올린 다리는 발목을 살짝 구부려서 발뒤꿈치에 압력을 주면서 유지한다.

정렬 : 지지해주는 다리는 곧게 펴주며, 척추는 중립적인 정렬을 유지해준다. 가슴 앞쪽은 열어준다.

호흡 : 균형을 유지하면서 다리를 들어 올리며 숨을 들이 마신다. 양쪽 다리를 펴주면서 숨을 내쉰다. 호흡은 자연스럽게 한 다리로 균형을 유지하는 동안 각 방향마다 3~5회 호흡을 한다.

진행과정 시 조절사항 :

- 강도를 높이려면 균형을 잡고 있는 자세를 길게 유지한다.
- 들어 올린 다리를 내리거나 올려주는 것은 균형감각에 역동적인 변화를 더해준다.
- 균형감각을 보조해주려면 바닥을 바라보고 균형감각을 더해주려면 팔을 펴주면서 위를 바라본다.
- 균형 잡는 것을 보조해주려면 의자의 뒷부분이나 벽에 손을 올려놓고 한다.

명상 : 지탱하는 다리에 견고하게 일어서고 자신을 신뢰한다.

마루에서 근력강화, 균형, 유연성 운동

(Floor Strength, Balance, and Flexibility Exercises)

퓨전 바닥 연습은 코어를 통합해주는 트레이닝을 통하여 상체와 하체의 근육의 힘, 균형 및 유연성을 만들어준다. 바닥 운동은 적절한 정렬과 자세에 초점을 둔 상체, 다리, 엉덩이, 등 및 복부의 근육이라고 정의한다.

이 섹션의 연습은 운동 패턴에 따라 그룹이 형성되어 있으며 기본적인 운동부터 이루어져 있다. 이전 장에서 배웠듯이 기본 운동은 신체 자세를 통하여 또는 다른 운동에서 사용되는 일반적인 운동 방법을 사용한다. 예를 들어, 플랭크 자세는 팔 굽혀 펴기의 기초 운동이며 많은 필라테스를 기반한 운동들에서 사용한다. 일단 당신이 기본적인 운동에서 요구되는 자세, 실행 및 기술을 배우게 되면, 유사한 운동패턴을 사용하는 다른 운동에 적용할 수 있다. 이러한 방식으로 운동을 그룹화 하는 것은 퓨전 운동을 하는 동안 신체 자세를 최소한으로 조정하면서 한 운동에서 다음 운동으로 쉽게 이동할 수 있다. 이 방법이 더 효율적일 뿐만 아니라 운동 기술을 마스터하는 데 도움이 된다. 기본적인 운동에서부터 나오는 다양한 운동을 선택하여 사용할 수 있다. 퓨전된 방법을 사용하면 좀 더 쉽게 한 운동에서 다른 운동을 하거나, 강도를 변화시켜주거나, 운동에 참신성을 더해주거나 할 때, 운동들을 혼합하거나 적합한 운동을 할 수 있게 해준다.

플랭크 자세 (Plank Position)

시작 자세 : 양 무릎 자세에서 코어 근육을 수축시켜 한쪽 다리를 뒤로 뻗어 주며, 발뒤꿈치를 발가락과 일직선으로 맞추어 주고 발가락을 구부려 발볼에 균형을 맞추어준다. 강하게 코어 수축을 유지하면서 반대 발을 뒤로 뻗어, 몸통을 중립으로 유지한다. 척추는 약간의 허리뼈의 커브를 유지해 주면서 척추와 일직선으로 골반을 유지하여 중립을 유지한다. 머리는 척추와 정렬을 맞춘다. 양팔은 어깨 아래 수직으로 놓고, 견갑골을 뒤쪽으로 끌어당겨서 가슴을 열어준다. 손바닥을 펴서, 가운데 손가락은 앞으로 향하게 하고 엄지손가락을 중심 쪽으로 향하게 한다.

동작 : 손바닥으로 바닥을 눌러주어 팔에서 견갑골로 에너지가 올라가게 한다. 가슴을 넓혀주면서 양쪽의 견갑골을 등의 중앙선 쪽으로 가져간다. 상체의 활동을 유지하면서 심부 복부 근육을 척추쪽으로 살짝 당겨준다. 다리의 근육을 견고하게 해주면서 골반 바닥과 하복부 근육을 들어 올려 심부의 코어 근육을 수축한다(그림 참조).

정렬 : 척추는 중립적 정렬을 유지하며, 머리는 척추의 일직선 상에 놓고, 전체적으로 몸을 일직선으로 만든다.

호흡 : 코어 근육을 활성화하려면 3D 호흡 기술을 사용한다. 복부 근육 내에서 내적인 긴장을 만들면서 복부근육을 안쪽과 위쪽으로 올리는 동안 숨을 내쉰다. 운동을 하는 동안 강하게 유지하면서 숨을 들이 마신다. 5~15회 호흡을 유지해준다.

기술적인 조언 :

- 턱을 약간 가볍게 당겨주어 머리의 뒷부분이 척추의 선에 놓이게 한다.
- 양팔을 수직선으로 유지하고 상부 흉추가 둥글게 되는 것을 피해준다.
- 척추, 엉덩이 및 머리의 정렬을 유지한다.
- 엉덩이를 들어 올리거나 떨어뜨리지 않도록 하며 하부 허리의 커브가 증가되지 않도록 해준다.
- 손바닥을 넓게 펴주어 손을 통하여 체중이 분산되게 한다.
- 등의 상부와 코어 근육을 동원시켜 손 위의 압력을 줄여준다.
- 다리의 근육을 단단히 유지하여 골반의 무게를 지탱한다.
- 척추 자세의 변화없이 복부 근육을 척추 쪽으로 들어 올려준다.

진행과정 시 조절사항 :

- 강도를 줄이려면, 무릎을 구부려 바닥에 대준다.
- 손목의 불편함을 줄이려면, 팔뚝을 바닥에 가져간다.

명상 : 강한 호흡의 사용을 통하여 코어 근육이 작용하는 동안 근력과 지구력이 증가되는 것에 집중해본다.

플랭크 자세에서 다리 들어 올리기 (Plank With Leg Lift)

a

b

시작 자세 : 플랭크 자세를 취한다. 척추는 약간의 요추 커브를 유지하며 엉덩이와 머리는 척추와 일직선상에 놓고 중립적인 정렬을 만든다. 경미한 요추 만곡이 있고, 엉덩이와 머리는 척추와 일치한다. 팔은 양 어깨 아래 수직이며, 견갑골은 뒤쪽으로 끌어당겨서 가슴을 열어준다. 손을 바닥에 펴고, 가운데 손가락을 정확하게 앞으로 향하게 하고 엄지손가락은 중심 쪽으로 향하게 한다(그림 a 참조).

동작 : 완벽한 플랭크 정렬을 유지하고 한쪽 다리의 발목을 구부려 힙 높이까지 똑바로 들어 올린다(그림 b 참조). 발을 들어 올리거나 내려주는 것을 반복하는 동안 반대편 발은 발가락을 바닥에 대고 발목을 구부린다.

정렬 : 척추는 중립적 정렬을 유지하고, 머리는 척추 선상에 유지하며, 전체적인 몸을 일직선으로 만든다.

호흡 : 다리를 들어 올릴 때에 숨을 들어 마신다. 발목을 구부릴 때 숨을 내쉰다. 발가락을 대고 있을 때 숨을 들이 마시고, 발을 내릴 때 숨을 내쉰다. 각각 5~10회 반복한다.

진행과정 시 조절사항 :

- 강도를 높이려면 무릎을 90°로 구부리고, 허벅지 안쪽을 서로 같은 높이로 유지한다. 무릎을 구부리면서 숨을 들이 마시고, 숨을 내쉬면서 무릎을 들어올리고, 숨을 들이마시면서 무릎을 내린다. 플랭크 자세에서 다리를 바깥으로 벌려주면서 반대편도 반복해준다.
- 손목의 불편함을 줄이려면, 팔뚝을 바닥에 가져간다.

명상 : 골반의 뒤쪽에 유리판을 놓고 균형을 잡으며, 한 다리에서 다른 다리로 이동할 때 떨어지지 않기를 원한다고 상상을 한다.

플랭크 자세에서 구부리기 (Knee-Tuck Series)

a

b

c

d

시작 자세 : 플랭크 자세를 취한다. 척추는 약간의 요추 커브를 유지하며 엉덩이와 머리는 척추와 일직선 상에 놓고 중립적인 정렬을 만든다. 경미한 요추 만곡부가 있고, 엉덩이와 머리는 척추와 일치한다. 팔은 양 어깨 아래 수직이며, 견갑골은 뒤쪽으로 끌어당겨서 가슴을 열어준다. 손을 바닥에 펴고, 가운데 손가락을 직접 앞으로 향하게 하고 엄지손가락을 중심 쪽으로 향하게 한다(그림 a 참조).

동작 : 완벽한 플랭크 정렬을 유지하고 한쪽 다리를 엉덩이 높이까지 들어 올린다. 무릎을 구부리고, 가슴까지 가져가는데 척추를 중립적인 정렬로 유지한다(그림 b 참조). 플랭크 자세에서 뒤로 펴준다. 무릎을 반대편 어깨 쪽으로 가져갔다가(그림 C 참조) 플랭크 자세로 돌아온다. 마지막으로, 다리를 들어 올리고 몸의 같은 방향의 팔꿈치로 가져갔다가(그림 d 참조) 플랭크 자세로 돌아간다. 반대편 다리도 이 과정을 반복한다.

정렬 : 척추는 중립적 정렬을 유지하며, 머리는 척추 선상에 유지하며, 전체적으로 몸을 일직선상으로 만든다.

호흡 : 다리를 들어 올릴 때 숨을 들이 마신다. 다리를 끌어 당길 때 숨을 내쉰다. 다리가 시작 자세로 되돌아 갈 때에 숨을 들이 마신다. 각 측면마다 1~6회 반복한다.

진행과정 시 조절사항 :

- 강도를 줄이려면 무릎을 바닥에 내려놓고 하거나 네발 기는 자세에서 할 수 있다. 다리를 구부렸다가 뒤로 곧게 펴주는데 들어 올리는 다리를 곧게 편 상태에서 해도 된다.
- 강도를 줄이려면, 각각의 다양한 운동시 한 번에 한번 구부려 주고 휴식을 취해준다.
- 도전적으로 수행하고 싶다면, 무릎을 구부리는 3가지 동작을 다양하게 하면서 다리를 들어주는 것을 유지한다.

명상 : 이 운동은 결정을 필요로 한다. 당신 자신이 이것을 할 수 있다고 믿는다.

플랭크 자세에서 엉덩이 올리기 (Plank With Hip Drive)

a

b

시작 자세 : 플랭크 자세를 취한다. 척추는 약간의 요추 커브를 유지하며 엉덩이와 머리는 척추와 일직선 상에 놓고 중립적인 정렬을 만든다. 경미한 요추 만곡부가 있고, 엉덩이와 머리는 척추와 일치한다. 팔은 양 어깨 아래 수직이며, 견갑골은 뒤쪽으로 끌어당겨서 가슴을 열어준다. 손은 바닥에 펴고, 가운데 손가락을 정확하게 앞으로 향하게 하고 엄지손가락은 중심 쪽으로 향하게 한다(그림 a 참조).

동작 : 플랭크 자세에서, 엉덩이를 위로 들어서 뾰족하게 자세를 만들어주고, 발뒤꿈치를 든다(그림 b 참조). 플랭크 자세로 돌아가는 동안 코어의 수축상태를 유지한다.

정렬 : 척추는 중립적 정렬을 유지하며, 머리는 척추 선상에 유지하고, 전체적으로 몸을 일직선으로 만든다.

호흡 : 엉덩이를 들어 올리며 뾰족한 자세를 만들면서 숨을 들이 마신다. 플랭크 자세로 몸을 내리면서 숨을 내쉰다. 호흡을 강하고, 느리게 하며 목적의식을 가지면서 해준다. 8~12회 반복한다.

진행과정 시 조절사항 :

- 좀 더 도전하고 싶다면, 한 팔을 들어 올려 주거나 엉덩이를 뾰족하게 들어 올린 자세에서 뒤쪽으로 흔들어 주거나 플랭크 자세에서 앞쪽으로 흔들어준다.
- 손목의 불편함을 줄이려면, 팔뚝을 바닥에 대고 운동을 한다.

명상 : 호흡과 움직임 사이의 흐름을 만들어본다.

플랭크 자세에서 엉덩이 내리기 (Plank to Hip Drop)

a

b

시작 자세 : 플랭크 자세를 취한다. 척추는 약간의 요추 커브를 유지하며 엉덩이와 머리는 척추와 일직선상에 놓으며 중립적인 정렬을 만든다. 경미한 요추 만곡부가 있고, 엉덩이와 머리는 척추와 일치시킨다. 팔은 양 어깨 아래 수직이며, 견갑골은 뒤쪽으로 끌어당겨서 가슴을 열어준다. 손을 바닥에 펴고, 가운데 손가락을 정확하게 앞으로 향하게 하고 엄지손가락을 중심 쪽으로 향하게 한다(그림 a 참조).

동작 : 플랭크 자세에서, 한쪽 엉덩이를 바닥쪽으로 낮추어 준다(그림 b 참조). 엉덩이를 들어 플랭크 자세로 돌아가고 반대쪽도 반복해준다.

정렬 : 척추는 중립적 정렬을 유지하며, 머리는 척추 선상에 유지하며, 전체적으로 몸을 일직선으로 만든다.

호흡 : 숨을 내쉬면서 엉덩이를 내려주고, 숨을 들이 마시면서 엉덩이를 들어 올려주고, 다시 반대쪽을 하면 내쉰다. 한 측면 당 5~10회 반복한다.

진행과정 시 조절사항 :

- 강도를 줄이려면 무릎을 바닥에 대고 한다.
- 강도를 높이려면, 엉덩이를 더 높이 들어주고, 바닥에 닿을 만큼 엉덩이를 더 낮게 해주는 방식으로 운동의 범위를 증가시켜 준다.
- 손목의 불편함을 줄이려면, 팔뚝을 바닥에 대고 운동을 한다.

명상 : 편안한 운동범위에서 몸의 움직임을 허락해준다. 운동 범위가 증가할수록 당신은 자신감과 힘을 얻게 된다.

플랭크 자세에서 푸시업 (Narrow Push-up)

a

b

시작 자세 : 플랭크 자세를 취한다. 척추는 약간의 요추 커브를 유지하며 엉덩이와 머리는 척추와 일직선 상에 놓으며 중립적인 정렬을 만든다. 경미한 요추 만곡부가 있고, 엉덩이와 머리는 척추와 일치시킨다. 팔은 양 어깨 아래 수직이며, 견갑골은 뒤쪽으로 끌어당겨서 가슴을 열어준다. 손은 바닥에 펴고, 가운데 손가락을 정확하게 앞으로 향하게 하고 엄지손가락은 중심 쪽으로 향하게 한다(그림 a 참조).

동작 : 플랭크 자세에서, 몸무게를 양팔에 실어주고 팔굽혀펴기를 통하여 갈비뼈를 양팔로 감싸주듯이 몸을 내려준다(그림 b 참조). 몸을 내려주면서 코어의 수축상태를 유지한다. 양 손을 아래로 누르면서 플랭크 자세를 눌러서 뒤로 일으킨다.

정렬 : 척추는 중립 정렬을 유지한다. 머리는 척추선 상에 일직선을 유지하며, 몸 전체적으로 일직선을 만든다.

호흡 : 퓨전 3D 호흡법을 사용하여 숨을 들이 마시면서 코어를 유지한다. 들이마시면서 푸시업으로 몸을 낮게 만들고, 숨을 내쉬면서 시작 자세로 돌아온다. 5~10회 반복한다.

진행과정 시 조절사항 :

- 강도를 줄이려면 무릎을 바닥에 대고 한다.
- 내려갈 때 자세를 낮추면 이상적인 정렬을 유지할 수 있다. 강도를 높이려면 푸시업의 자세를 낮춰준다.
- 강도를 높이려면 다리 하나를 들어 올린다.

명상 : 강해지고 있음에 집중한다. 당신의 마음으로, 당신의 강한 힘을 축하해준다.

와이드 푸시업 플랭크 자세 (Wide Push-Up)

a

b

시작 자세 : 플랭크 자세를 취한다. 척추는 요추 커브를 약간 유지하며 엉덩이와 머리는 척추와 일직선 상에 놓으며 중립적인 정렬을 만든다(그림 a 참조). 양 손을 어깨 너비보다 넓게 놓는다. 가슴을 넓혀주는 것으로 양쪽의 견갑골을 뒤쪽에 놓여지게 한다. 바닥에 올려놓은 손은 펴준다.

동작 : 손가락을 살짝 안쪽으로 돌려 놓는 것은 팔꿈치를 바깥쪽으로 구부려주게 하여 푸시업을 하는 동안 당신이 내려가는 것을 편하게 해준다(그림 b 참조). 코어 근육이 수축하는 것을 유지하면서 양 손을 아래로 내려가게 하고, 시작 자세로 돌아오고, 척추는 중립적인 정렬상태를 유지한다.

정렬 : 척추는 중립 정렬을 유지한다. 머리는 척추선 상에 일직선을 유지하며, 몸을 전체적으로 일직선으로 만든다.

호흡 : 퓨전 3D 호흡법을 사용하여 숨을 들이 쉬면서 코어를 유지한다. 들이마시면서 푸시업으로 몸을 낮게 만들고, 숨을 내쉬면서 시작 자세로 돌아온다. 5~10회 반복한다.

진행과정 시 조절사항 :

- 강도를 줄이려면 무릎을 바닥에 대고 한다.
- 내려갈 때 깊게 자세를 낮추면 이상적인 정렬을 유지할 수 있다. 강도를 높이려면 푸시업의 자세를 낮춰준다.
- 강도를 높이려면 다리 하나를 들어 올린다.

명상 : 힘을 주기 위해 호흡에 집중한다.

사이드 플랭크 자세 (Side Plank)

a

b

시작 자세 : 플랭크 자세를 취한다. 척추는 약간의 요추 커브를 유지하며 엉덩이와 머리는 척추와 일직선 상에 놓으며 중립적인 정렬을 만든다. 경미한 요추 만곡부가 있고, 엉덩이와 머리는 척추와 일치시킨다. 팔은 양 어깨 아래 수직으로 하며, 견갑골은 뒤쪽으로 끌어당겨서 가슴을 열어준다. 손은 펴서 바닥에 놓고, 가운데 손가락을 정확하게 앞으로 향하게 하고 엄지손가락은 중심 쪽으로 향하게 한다(그림 a 참조).

동작 : 플랭크 자세에서, 한 팔을 가슴 중앙의 선상에서 들어준다. 반대편 팔을 들어서 천장 쪽을 향하게 하면서 몸을 한쪽 편으로 열어준다(그림 b 참조).

정렬 : 몸체는 머리에서 발끝까지 긴 선을 만든다.

호흡 : 손의 위치를 잡고 코어를 수축하는 동안 숨을 들이 마신다. 플랭크 자세에서 한쪽 방향으로 회전하는 동안 숨을 내쉰다. 호흡은 자세를 유지할 때 깊게 해주며 한쪽 당 3~5회 호흡을 해준다.

진행과정 시 조절사항 :

- 손목의 불편함을 줄이려면, 팔뚝을 바닥에 대고 운동을 한다.
- 균형감각에 좀 더 도전하려면 발을 쌓아올려 주듯이 겹쳐준다.
- 강도를 증가시키려면 위쪽 엉덩이의 다리를 높게 올려준다.
- 강도를 줄이려면, 무릎을 구부려서 바닥에 내려준다.

명상 : 몸이 두 개의 유리 판 사이에 있다고 상상한다.

기본 운동 (FOUNDATIONAL EXERCISE)

테이블 탑 자세 (Tabletop)

시작 자세 : 플랭크 자세를 취한다. 척추는 약간의 요추 커브를 유지하며 엉덩이와 머리는 척추와 일직선 상에 놓고 중립적인 정렬을 만든다. 양쪽 무릎은 엉덩이 아래에 있으며, 허벅지와 수직선 상으로 이루게 한다. 척추와 골반은 머리에서 양쪽 엉덩이까지 중립적으로 정렬한다.

동작 : 양쪽 견갑골을 고정하고 어깨 거들을 안정시키고 코어 근육을 수축시켜 척추를 감싸 버텨주며 중립적인 척추의 정렬을 유지한다. 골반이 아래로 떨어지지 않게 해준다. 양 어깨를 아래로 밀어주어 양쪽 귀에서 멀어지게 하고 가슴을 열어 살짝 뒤로 가게 해준다(그림 참조).

정렬 : 머리를 척추에 맞추고 턱을 약간 당겨주어 머리의 정수리가 앞쪽을 향하게 해준다.

호흡 : 손과 무릎 자세를 취하면서 숨을 들이 마신다. 이 자세에서 척추를 감싸주는 코어 근육을 수축시키면서 숨을 내쉰다. 3~5회 호흡을 유지한다.

기술적인 조언 :

- 손을 넓게 펼쳐 보다 나은 지지 기반을 확보해준다.
- 팔을 똑바로 편 채로 유지하고 견갑골을 등 가운데로 움직인다.
- 배꼽을 위쪽인 척추 쪽으로 들어 올려 깊게 있는 안쪽의 코어근육을 수축시킨다.
- 발에서 무릎의 정렬을 유지하고 무릎이 안쪽이나 바깥쪽으로 떨어지는 것을 방지한다.

진행과정 시 조절사항 :

- 강도를 높이려면 무릎을 바닥에서 몇 인치 정도 들어 올린다.
- 무릎 아래에 매트를 말아놓으면 좀 더 편해진다.

명상 : 이 자세는 균형 감각을 만들어주고 좀 더 도전적인 운동에 안정적인 기초를 제공해준다. 코어의 근육이 3 차원적으로 어떻게 작용하는지와 각기 다른 운동 속에서 움직임을 만들어낼 때 코어의 수축이 어떻게 다르게 작동하는지 코어운동을 달성하는지 집중해본다.

크로스 테이블 자세 (Two-Point Tabletop)

a

b

시작 자세 : 무릎 꿇는 자세를 취하고, 양손을 양어깨 바로 아래에 놓아주며 손가락을 넓게 펼쳐준다. 무릎은 엉덩이 바로 아래에 놓으며, 허벅지는 수직선을 만든다(그림 a 참조). 척추와 골반은 머리에서 엉덩이까지 중립적인 정렬을 만든다.

동작 : 테이블탑 자세에서, 한 팔을 들어 올리고 앞으로 뻗어준다. 반대쪽 다리를 들어 올리고 뒤쪽으로 뻗어준 뒤에 반대 방향으로 돌려준다(그림 참조). 몸은 다리와 나란하게 중앙에 위치하며 팔을 들어 올린다.

정렬 : 척추를 중립으로 유지하고 엉덩이가 한쪽으로 돌아가지 않게 한다. 들어 올린 팔과 다리는 발뒤꿈치에서부터 손가락 끝까지 직선으로 만들어준다.

호흡 : 숨을 들이 마시면서 코어근육을 수축한다. 숨을 내쉬면서 팔을 뻗어주고 다리를 바깥으로 뻗어준다. 한쪽 당 3~5번 호흡을 유지한다.

진행과정 시 조절사항 :

- 코어를 좀 더 도전적으로 다양하게 수축하려면, 들어 올린 팔과 다리를 대각선 모양으로 측면 방향으로 움직여준다.
- 강도를 줄이려면, 한 번에 팔 또는 다리만 들어준다.
- 다양성을 높이고 강도를 높이려면 들어 올린 다리의 무릎을 구부린 후 무릎과 팔꿈치가 닿을 수 있도록 무릎과 반대편 팔꿈치를 가져온다.
- 엉덩이와 다리에 집중하여, 한쪽 다리를 들고 지탱하는 반대편 다리쪽으로 교차시켜 발가락을 바닥에 닿게 한다. 다리를 반복해서 아치를 그리며 올려주며 바깥쪽을 닿게 하는데 이 때 척추는 회전이 발생되지 않고 정렬을 잃지 않아야 한다.

명상 : 심부의 코어가 중력에 대항하여 어떻게 안정성을 유지하는지, 감각을 깊이 주의를 기울여본다.

앞으로 누운 자세 (Front-Lying Position)

a

b

시작 자세 : 엎드려 누운 자세에서 가슴을 바닥에 대고 바닥에 놓인 발의 꼭대기와 엉덩이로부터 일직선이 되게 다리를 펴주어 몸을 머리부터 발끝까지 일직선으로 만든다. 양쪽의 팔뚝을 편안하게 바닥에 놓아주고 손바닥이 바닥을 향하게 한다(그림 a 참조).

동작 : 다리의 근육을 수축하여 무릎을 바닥에서 들어 올려주고 엉덩이에서부터 바깥으로 길게 뻗어준다. 치골 부위를 바닥 쪽으로 살짝 눌러주면서 심부 복부 근육을 수축시켜 배꼽을 척추방향으로 들어 올려준다. 코 끝은 바닥을 바라보게 한다(그림 b 참조).

정렬 : 척추는 중립적 정렬을 유지하며 머리와 척추, 몸을 일직선으로 만든다.

호흡 : 숨을 들이마시면서 무릎을 들어 올리고, 숨을 내쉬면서 복부의 근육을 올려준다. 호흡은 자연스럽게 해주며, 3~5번의 호흡을 유지한다.

기술적인 조언 :

- 시작 자세에서 발끝으로 가볍게 바닥을 눌러준다.
- 복벽에서의 들리는 느낌을 유지하면 좀 더 어려운 운동을 수행할 수 있다.

진행과정 시 조절사항 :

- 시작 자세에서 머리의 중립적인 정렬을 유지하기 어렵다면 이마 아래에 타올을 놓아주면 올려놓는다.
- 강도를 높여주려면, 시작 자세에서 이마 아래 양 손을 서로 겹쳐 놓는다.

명상 : 이 자세에서는, 몸의 후부 선상에 있는 모든 근육을 강화해 줄 것이다. 일반적으로 둔부와 상부 등 근육은 하부 등근육의 들어 올리는 작업 때문에 약해진다. 약해지면 작업이 허리로 돌아가게 된다. 하부 허리 근육을 안정시키기 위해 복부의 근육이 수축을 유지하는 것에 집중한다.

등을 펴는 자세 (Back Extention)

a

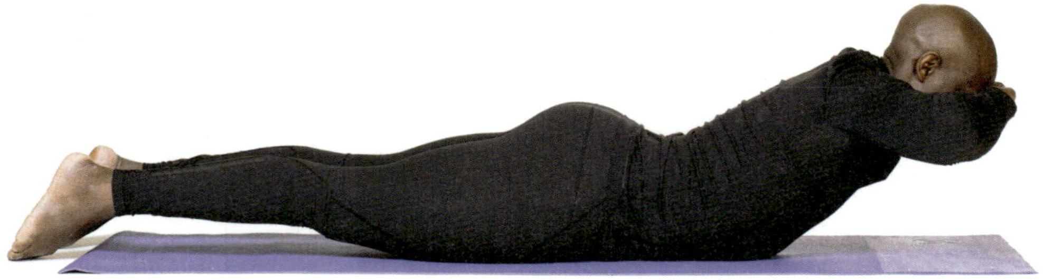

b

시작 자세 : 앞으로 엎드린 자세에서 시작하여 이마에 손을 올려놓는다(그림 a 참조).

동작 : 배꼽을 위쪽과 안쪽의 척추방향으로 당겨주고 가슴을 바닥에서 들어 올려 상부 등부위가 펴지게 한다(그림 b 참조). 발끝으로 바닥을 눌러서 상체를 들어 올린다. 복부 근육의 수축을 유지하여 등을 지탱하고 들어 올린다.

정렬 : 머리를 상부 등과 중립으로 정렬하여 유지한다. 과신전보다는 신전되는 것을 생각한다.

호흡 : 숨을 내쉬면서 복부 근육을 안쪽으로 끌어당긴다. 숨을 들이마시면서 상체를 들어 올린다. 숨을 내쉬면서 낮추어준다. 5~8번 반복한다.

진행과정 시 조절사항 :

- 자세를 내리기 전에 등을 편 채로 몇 번의 호흡 동안 자세를 유지한다.
- 팔을 바깥으로 똑바로 뻗어주는 것은 운동의 강도를 올려준다.
- 바닥에 팔뚝을 놓는 것은 등의 펴짐 상태를 유지시켜 준다.

명상 : 당신이 머리에서 양 골반까지 부드럽고 연속적인 곡선을 만들고 있다고 상상한다.

수영 자세 (Swimmer)

a

b

시작 자세 : 앞으로 엎드린 자세에서 시작한다. 양 팔은 머리 위로 펴주는데, 어깨너비로 벌려주며 손바닥은 바닥을 향하게 한다(그림 a 참조).

동작 : 등을 펴주면서 상반신을 들어 올리고 엉덩이 아래부위를 펴주면서 양 다리를 들어 올린다. 한쪽 팔과 반대쪽 다리를 들어 올린다(그림 b 참조). 자세를 바꾸어서 반대편 팔과 다리를 들어 올리는데 엉덩이와 허리를 안정되게 유지한다. 수영 동작처럼 한쪽에서 다른 쪽으로 이동한다.

정렬 : 머리 꼭대기부터 반대편 발끼지의 방향으로 몸을 펴주어서 몸통을 길게 만들어준다. 복부 근육이 척추 쪽으로 들어 올려 유지해준다.

호흡 : 숨을 들이 마시면서 한쪽 팔과 반대편 다리를 올려 준다. 숨을 내쉬면서 자세를 바꾸어준다. 좌우 동작을 연속적으로 한 쪽면 당 6번에서 12번 반복해준다.

진행과정 시 조절사항 :

- 상부 및 상부 코어 근육의 강도에 초점을 맞추려면, 오직 팔 동작만을 수행한다.
- 하체와 하부 코어 근육의 강도에 초점을 맞추려면, 오직 다리 동작만 수행한다.
- 움직임의 템포를 변화시켜 코어의 안정성에 변화를 준다.

명상 : 양 팔과 양 다리의 움직임에 대하여 안정성을 유지하기 위해 엉덩이의 앞부분으로 바닥의 매트를 누르면서 코어 근육이 활성화되는 것에 주의를 기울여본다.

평영 자세 (Breastroke)

a

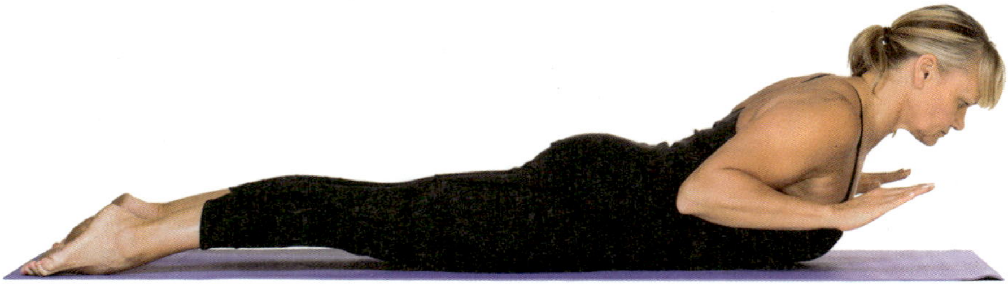

b

c

d

시작 자세 : 앞으로 엎드린 자세에서, 발끝이 바닥에 눌린 상태에서 시작한다. 가슴과 갈비뼈 옆으로 팔뚝을 바닥에 놓아 준다(그림 a 참조). 등의 하부를 펴주면서 등의 상부를 들어주고 바닥에서 손을 들어 어깨를 들어 올린다(그림 b 참조).

동작 : 복부 근육을 들어 올려 코어를 수축시킨다. 발끝으로 바닥을 누르고 무릎을 들어 올리면서 다리 근육의 수축을 유지한다. 양팔을 앞으로 뻗어주는데 손바닥을 아래로 향하게 한다(그림 C 참조). 그런 다음 양팔을 몸의 옆쪽 아래로 당겨주었다가 등의 상부보다 더 높이 들어 올려 가슴의 앞부분을 열어준다(그림 d). 시작 자세로 돌아간다.

정렬 : 머리 꼭대기부터 반대편 발까지의 방향으로 몸을 펴주어서 몸통을 길게 만들어준다. 복부 근육을 척추 쪽으로 들어 올려지는 것을 유지해준다.

호흡 : 숨을 들이 마시면서 가슴을 들어 올린다. 숨을 내쉬면서 팔을 앞쪽으로 곧게 뻗어 준다. 숨을 들이마시면서 양팔을 당겨 몸 옆의 뒤쪽에 놓는다. 숨을 내쉬면서 펴진 허리 옆에 놓는다. 5~10번 반복한다.

진행과정 시 조절사항 :

- 움직임을 느리게 하면서 템포를 변화시키거나 속도를 증가시켜 준다.
- 강도를 줄이려면 각 반복 사이에 휴식을 한다.

명상 : 당신이 수영하고 있다고 상상하면서 당신의 움직임과 호흡 속에서 수영할 때와 같은 유동성을 만들어본다.

엎드려 엉덩이 신전 자세 (Hip Extension)

a

b

시작 자세 : 앞으로 엎드린 자세에서 시작하고 이마 밑에 손을 두고 양다리는 거의 엉덩이나 어깨 너비로 평행하게 회전시켜 준다(그림 a 참조).

동작 : 상체를 바닥에 닿게 유지하면서 다리는 엉덩이에서부터 곧게 펴서 올려준다(그림 b 참조). 엉덩이에서부터 다리까지 길어지는 것을 생각한다. 시작 자세로 다리를 내려준다.

정렬 : 머리 꼭대기부터 반대편 발까지의 방향으로 몸을 펴주어서 몸통을 통하여 길게 만들어준다. 복부 근육을 척추 쪽으로 들어 올려지는 것을 유지해주는데 목과 어깨의 긴장이 없어야 한다. 머리는 중립 위치에서 유지해준다.

호흡 : 숨을 내쉬면서 코어 근육을 수축시킨다. 숨을 들이 마시면서 다리를 들어 올린다. 숨을 내쉬면서 내려준다. 5~8번 반복한다.

진행과정 시 조절사항 :

- 다양하게 적용하며 코어의 작동 방식을 변화시키려면, 한 번에 한쪽 다리를 들어 올린다.
- 강도를 높이려면 무릎을 구부려 발뒤꿈치를 엉덩이 쪽으로 가져오게 하거나 다리를 곧게 펴주면서 다리 앞쪽을 바닥에 떨어지지 않게 유지해준다. 휴식을 하기 전에 구부리기와 펴기를 몇 번의 반복을 하면서 운동해준다.

명상 : 복부 근육이 올려져서 허리에 공간이 만들어지는 감각에 집중한다.

활 자세 (Dynamic Bow)

a

b

시작 자세 : 앞으로 엎드린 자세에서 시작하고 무릎을 구부리고 팔을 뒤로 뻗어 발목 바깥쪽을 잡아준다(그림 a 참조).

동작 : 엉덩이와 햄스트링 근육을 수축시켜 허벅지를 바닥에서 들어 올린다. 손과 정강이를 통하여 바닥을 누르면서 바닥의 가슴을 뒤로 들어 올린다(그림 b 참조).

정렬 : 시작 자세로 내려갈 때 발목에 손을 올려놓는 것을 유지한다. 머리 위쪽을 앞으로 뻗어 상체를 길게 만들어주고, 어깨와 가슴을 열어 양팔이 뒤쪽에 있는 발목에 뻗게 한다. 복부 근육은 척추를 향해서 끌어 올려 허리를 지지한다.

호흡 : 숨을 들이 마시면서 활 자세로 들어갑니다. 활 자세로 2~4초 동안 유지한다. 내쉬면서 내려간다. 3~5회 반복한다.

진행과정 시 조절사항 :

- 운동을 더 쉽게 하려면 한 팔과 같은 쪽의 한 다리를 들고 반 활 자세 운동을 한다. 반대편에서도 반복한다.
- 한쪽 다리를 들거나 손을 발목에 닿도록 뒤로 가져가거나, 양쪽 방향을 교대로 템포를 조절해가면서 역동적으로 움직인다.

명상 : 다리를 사용하여 가슴을 들어 올리고 이 자세에서 허리를 편안하게 해준다.

위로 향한 개 자세 (엎드려 하늘보기 자세) (Upward-Facing Dog)

a

b

시작 자세 : 엎드려 누운 자세에서 시작하여 흉곽 옆에 손을 두고 팔꿈치를 펴서 밀어주며 들어 올린다(그림 a 참조).

동작 : 무릎을 바닥에서 들어 올리도록 다리의 근육을 수축시킨다. 다리의 수축을 유지하고, 상부 등을 펴주어서 가슴을 위로 올려 준다. 손으로 바닥을 눌러 주어 등이 펴진 상태를 유지하고 양팔을 곧게 펴서 몸을 들어 올리고 다리를 바닥에서 들어준다(그림 b 참조).

정렬 : 머리 꼭대기를 늘려주고 발은 반대 방향으로 늘려주어 몸통을 길게 만들어준다. 복부 근육을 척추 쪽으로 들어 올려주고 다리를 단단히 고정한다. 머리에서 엉덩이까지 몸은 부드럽게 펴준다. 양팔은 어깨에서 손목까지 수직선을 이루게 한다.

호흡 : 숨을 들이마시면서 업독 자세를 만들어준다. 1~5회 호흡을 유지한다. 숨을 내쉬면서 몸을 내려 시작 자세로 돌아온다.

진행과정 시 조절사항 :

- 강도를 줄이려면 엉덩이와 다리를 바닥에 붙이고 가슴을 들어 등을 펴준다.
- 동작을 쉽게 하려면 팔뚝을 바닥에 대고 가슴을 들어 올리면 척추의 펴짐이 감소된다.
- 허리의 압력을 없애려면 발가락을 아래로 구부리고 발의 볼에서부터 운동을 수행한다.

명상 : 마치 이 강력한 요가 자세에서 당신의 머리가 앞으로 들어 올려지면서 가슴이 열리는 감각을 상상해본다.

막대 자세 (Seated Position)

시작 자세 : 좌골 뼈의 중심부로 앉는다. 양 다리는 앞으로 곧게 펴주고 몸통은 똑바로 세운다. 골반은 중립이며 흉곽은 엉덩이 위로 놓여지고, 머리는 중립적으로 정렬된 척추 위로 균형을 이루게 한다.

동작 : 손을 엉덩이 옆의 바닥에 놓고 손을 부드럽게 아래로 누르면서 척추를 들어 올린다. 배꼽을 안쪽으로 가져 와서 척추를 향하며 위로 올려주어(그림 참조) 골반 바닥을 들어 올린다. 가슴을 열고 견갑골은 뒤로 당긴다. 턱을 조금 당겨주면서 머리의 정수리가 위로 향하게 한다. 대퇴사두근을 수축시키면서 다리의 뒤쪽이 아래를 누르게 한다.

정렬 : 길게 늘어난 자세를 만들어주어 머리 정수리부터 좌골까지 긴 선을 만든다.

호흡 : 숨을 내쉬면서 심부의 코어 근육을 부드럽게 수축시키고 길게 늘여진 앉은 자세를 고정시켜 준다. 호흡은 자연스럽게 5회 정도 해준다.

기술적인 조언 :

- 다리를 아래로 누르면 들어 올리는 느낌이 생긴다.
- 복벽의 들어올려지는 감각을 유지하는 것은 좀 더 어려운 운동을 할 수 있게 해준다.

진행과정 시 조절사항 :

- 말려진 요가 매트 또는 요가 블록에 앉아서 골반을 중립적인 정렬로 움직인다.
- 햄스트링 근육이나 허리근육이 긴장하거나 불편하다면 무릎을 구부려준다.

명상 : 이 몸 자세에 대한 운동은 앉은 상태에서 코어 근육이 자세 근육으로 작용한다. 안쪽의 코어 근육의 미묘한 작용이 앉은 자세를 길게 만들어 주는 것에 주의를 기울여본다. 당신을 데려오기 위해 노력하는 내부 핵심의 미묘함을 인식한다. 길게 앉을 때와 비교하여 구부려 앉을 때의 자세로 숙이면서의 호흡 느낌이 어떠한지를 깨달아본다.

하프 롤 백 서클링 자세 (Half Rollback)

a

b

시작 자세 : 막대 자세에서 시작하며, 무릎을 구부리고 발은 엉덩이 너비로 바닥에 붙여준다. 양어깨의 앞으로 양팔을 내밀고, 손바닥이 아래를 향하게 한다(그림 a 참조). 어깨를 편안하게 이완하여 아래로 내려오게 해주어 귀에서 멀리 떨어지게 한다.

동작 : 골반을 아래로 돌리면서 등을 말아주며, 복근을 안쪽으로 수축시켜 흉곽의 전방을 아래로 내린다. 턱을 약간 당기고, 턱과 가슴 사이의 거리를 주먹 하나 정도로 만들어 주며 골반에서부터 등 상부까지를 말아주어 척추를 통하여 완만한 곡선을 만들어준다. 등 하부가 바닥에 닿을 때까지 척추를 말아주는 것을 계속 한다(그림 b 참조). 등하부가 바닥에 도달하면, 앞쪽의 흉곽이 아래로 내려오면서 당겨지는 것을 시작으로 막대 자세가 구부린다.

정렬 : 척추는 엉덩이에서 머리까지 완만한 곡선을 이루게 한다. 턱을 너무 강하게 당기지 말고 양 어깨를 귀쪽으로 당기지 않는다.

호흡 : 숨을 들이 마시면서 길게 앉는다. 숨을 내쉬면서 뒤로 구부린다. 들이 마시고 내쉰다. 숨을 내쉬면서 구부려진 자세를 펴주면서 막대 자세를 만들어준다. 6~12회 반복한다.

진행과정 시 조절사항 :

- 앉은 자세에서 구부린 자세를 보조해주려면 등을 말아줄 때 손을 허벅지 위로 뻗어 준다.
- 뒤로 말은 자세를 경사지게 하려면 한 팔을 뒤로 보내고, 손바닥이 위를 보게 돌려주고, 살짝 몸을 한쪽으로 회전시켜 앞쪽의 손을 바라본다. 몸을 말아주고 반대편도 반복해준다.

명상 : 어깨와 목에 긴장이 없이 골반과 척추의 움직임이 구부려지고 펴지는 것에 집중해본다.

길게 앉은 자세에서 롤업하기 (Full Roll-Up)

a

b

시작 자세 : 길게 앉은 자세에서 시작하며, 양다리를 곧게 뻗고, 손바닥을 마주 보게 하고 양팔을 앞으로 뻗어 준다(그림 a 참조). 어깨는 귀에서 멀어지게 아래로 내려주어 이완시킨다.

동작 : 골반을 아래로 돌리면서 등을 말아주며, 복근을 안쪽으로 수축시켜 흉곽의 전방을 아래로 내린다. 턱을 약간 당겨 턱과 가슴 사이의 거리를 주먹 하나 정도로 만든다. 골반에서 등 상부까지 말아주어 척추를 통하여 완만한 곡선을 만든다. 척추를 말아주듯이 골반, 허리, 등의 순서로 차근차근 닿게 하여 등 상부가 닿게 한다. 동작을 하는 동안 양팔을 머리 위로 올려준다(그림 b 참조). 등의 하부가 바닥에 도달하면, 양팔을 가슴 위로 뻗어주고, 턱을 당겨주며, 앞쪽의 흉곽이 아래로 내려오면서 당겨준다. 갈비뼈를 골반 쪽으로 당겨 막대 자세가 될 때까지 움직여준다.

정렬 : 앉은 자세에서 뒤로 눕는 롤백을 할 때는 골반에서 시작하여 척추를 말아주듯이 골반, 허리, 등, 머리의 순서로 차근차근 바닥에 닿게 한다. 반대로 롤업을 할 때에는 턱을 당기는 것부터 시작하여 등 상부에서 골반 쪽으로 해준다.

호흡 : 숨을 들이 마시면서 길게 앉는다. 숨을 내쉬면서 등을 뒤로 누워준다. 숨을 들이마시면서 양팔을 가슴 위로 올려준다. 숨을 내쉬면서 말린 등을 앞으로 펴주면서 길게 낮은 자세를 만든다. 4~8회 반복한다.

진행과정시 조절사항 :

- 무릎을 구부린 후 허벅지 뒤쪽에 손을 대어 롤백을 지탱해주며 앉은 자세로 구부려주는 것(curl–up)을 보조해준다.
- 다양하면서도 코어 근육의 작동에 변화를 주고 싶다면, 팔을 양 옆으로 놓고 원을 그린다던지 롤백을 할 때 머리 위로 올려준다.

명상 : 양다리가 바닥에 고정되어 있고 이 운동을 통해 몸통이 말려진다고 상상해본다.

V-앉기 자세 (보트 자세) (V-Sit)

a

b

시작 자세 : 막대 자세에서 시작하고, 양 무릎은 구부리고 양손은 허벅지 뒤에 놓는다(그림 a 참조).

동작 : 좌골 뼈의 뒤쪽에서 균형을 잡아서 뒤로 젖히고, 등을 곧게 유지하면서 V자형 자세를 만든다. 발을 바닥에서 들어 올리고 손을 다리 뒤에서 빼내어 어깨로부터 곧게 뻗어준다(그림 b 참조).

정렬 : 등을 곧게 편 채로 유지한다. 엉덩이가 뒤로 말리지 않게 해준다.

호흡 : 숨을 들이 마시면서 길게 앉는다. 숨을 내쉬면서 뒤로 젖혀준다. 들이 마시고 내쉰다. 4~8회 반복한다.

진행과정 시 조절사항 :

- 허벅지 뒤로 손을 올려놓는 것은 등을 지지해준다.
- 좀 더 도전하려면 팔을 천장으로 뻗어준다.
- 좀 더 어려운 운동을 하려면 다리를 똑바로 펴준다.
- 다양하면서 코어 근육의 작동에 변화를 주고 싶다면, 다리를 곧게 펴 준 자세에서 다리를 교차시켜 준다.
- 팔뚝을 바닥에 가져가는 것은 등을 지지해준다.

명상 : 흉골이 끈으로 당겨지는 것처럼 가슴을 들어 올린다.

역 테이블 자세 (Reverse Table)

a

b

시작 자세 : 막대 자세에서 시작하고, 몸에서 약 6인치(15cm) 뒤에서 손가락이 엉덩이 쪽을 향하도록 돌려준다(그림 a 참조).

동작 : 다리를 단단히 고정시키고 안쪽 허벅지를 붙여 준다. 손을 아래로 누르면서 엉덩이와 다리를 들어 올려주어, 머리에서 발끝까지 역 플랭크 자세를 만든다(그림 b 참조). 양팔은 어깨 아래 수직으로 놓는다.

정렬 : 몸은 발에서 어깨까지 긴 선을 만든다. 턱은 살짝 당겨주어 머리의 무게를 지탱한다. 양팔은 역 플랭크 자세를 들어 올리며 수직선을 이루게 한다.

호흡 : 숨을 들이 마시면서 길게 앉는다. 숨을 내쉬면서 플랭크 자세를 올려준다. 들이 마시고 내쉰다. 6~10회 반복한다.

진행과정 시 조절사항 :

- 강도를 줄이려면 무릎을 구부려 탁상 자세를 만든다.
- 어깨와 가슴 앞쪽의 유연성을 높이려면, 엉덩이는 바닥에 댄 채 팔 운동을 연습한다.

명상 : 자신을 인내한다. 연습과 결단을 통해, 운동이 점점 쉬어진다.

기본 운동 (FOUNDATIONAL EXERCISE)

옆으로 누운 자세 (Side-Lying Position)

시작 자세 : 머리, 갈비뼈, 척추 및 엉덩이를 중립으로 하여 옆으로 누워서 다리는 곧게 펴준다. 아래팔로 머리를 지탱하고 다른 손은 가슴 앞쪽의 바닥에 올려주어 당신을 지탱해준다.

동작 : 허리를 바닥에서 들어 올려 갈비뼈와 엉덩이가 서로 윗부분이 정렬을 맞추어준다(그림 참조). 이 작업은 코어 전면, 측면 및 후면의 근육이 작동하게 해준다.

정렬 : 척추가 중립 위치에 있고, 엉덩이와 갈비뼈가 직접적으로 서로 위에 쌓여 있다.

호흡 : 숨을 내쉬면서 코어의 근육을 수축시키고 허리를 들어 올린다. 자연스럽게 5회의 호흡을 해준다.

기술적인 조언 :

- 흉곽을 엉덩이의 바닥 쪽으로 밀어 준다.
- 머리를 아래쪽 팔이나 말린 타올 위에 두어 지탱해주어 목의 피로를 방지한다.

진행과정 시 조절사항 :

- 무릎을 구부려 엉덩이의 불편감을 줄여준다.
- 아래쪽 무릎을 구부린 상태에서 위쪽 다리를 똑바로 세워 강도를 줄여준다.

명상 : 이 몸 위치는 허리를 지탱하는 코어 근육에 작용한다. 이 위치에서 운동을 할 때, 엉덩이에서 어깨까지 몸통의 측면 근육이 안정성과 움직임의 화합을 이루면서 작용하는지에 주의를 기울인다.

옆으로 누운 자세에서 다리 들기 (Side Leg Lift)

a

b

시작 자세 : 옆으로 눕는 자세에서 시작한다(그림 a 참조).

동작 : 허리를 들어 올린 채 몸을 직선으로 유지 한 상태에서 위쪽 다리를 엉덩이 높이보다 약간 높게 들어 올린다(그림 b 참조).

정렬 : 머리에서 발끝까지 일직선으로 몸을 유지하고, 살짝 롤백(등을 말아주어)을 하여 엉덩이 바닥 부분의 뼈를 압박하여 다리를 들어 올린다.

호흡 : 숨을 들어 마시면서 다리를 들어 올린다. 숨을 내쉬면서 다리를 내린다. 측면 당 8~12회 반복한다.

진행과정 시 조절사항 :

- 강도를 높이려면 두 다리를 들어 올린다.
- 편하게 하려면 아래쪽 무릎을 구부린다.

명상 : 큰 힘없이 움직임이 발생하게 한다. 부드럽고 강하게 한다.

옆으로 누운 자세에서 다리로 원 그리기 (side Leg Circle)

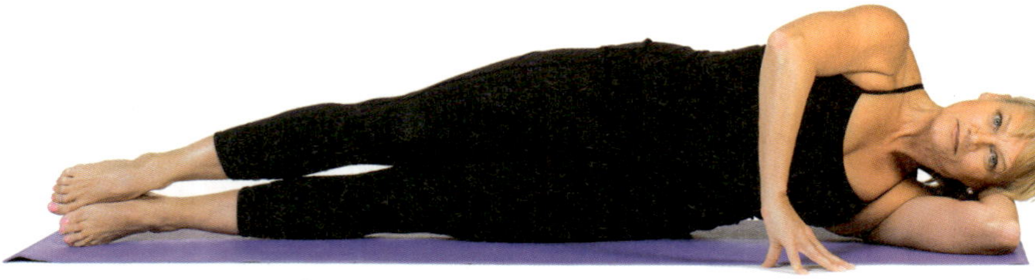

a

b

시작 자세 : 옆으로 눕는 자세에서 시작한다(그림 a 참조).

동작 : 위쪽의 다리를 엉덩이 높이까지 들고 다리를 한 방향으로 돌려주는데 엉덩이 또는 몸통의 움직임이 없으며 몸을 직선으로 유지해준다(그림 b 참조). 반대 방향의 원을 그리는 것을 반복한다. 이 과정을 다른 쪽 다리에도 해준다.

정렬 : 머리에서 발끝까지 직선으로 몸체를 잡고, 당신은 다리를 들어서 엉덩이의 압력을 제거한다.

호흡 : 한쪽 다리를 올린다. 숨을 마시면서 동그라미의 첫 번째 절반을 그린다. 숨을 내쉬면서 동그라미의 두 번째 반을 그린다. 원의 한 면당 양방향으로 10회 반복한다.

진행과정 시 조절사항 :

- 좀 더 도전적으로 하고 싶으면, 팔뚝을 바닥에 대고 사이드 플랭크 자세에서 실시한다.
- 가장 어려운 과제를 원한다면, 손으로 옆을 짚은 사이드 플랭크 자세를 만들어준다.

명상 : 발가락으로 공중에서 완벽한 원을 그리는 것을 상상해본다.

옆으로 구부리기 자세 (Side Bend)

a

b

시작 자세 : 발목을 교차하고 옆으로 앉은 자세에서 시작하고 무릎의 끝부분이 천장을 가리킨다. 한 손을 바닥에 대고 손가락은 바깥쪽을 향하게 하고 어깨에서 앞으로 약간 기울어진 상태에서 팔을 곧게 뻗는다. 다른 손바닥이 위를 향하고 위쪽 무릎을 가로질러 손목을 펴서 놓는다(그림 a 참조).

동작 : 엉덩이의 바닥부위를 들어 지탱해주는 팔의 바깥쪽 위로 구부리며 올리고 반대편 팔은 머리 위로 올려 아취를 만들어 주는데 다리를 곧게 펴주거나 서로 교차시켜 몸에서 구부려준다(그림 b 참조). 시작 자세로 내려온다.

정렬 : 옆으로 구부릴 때 꼭대기 부분에서, 팔을 수직으로 지탱하고 몸은 엉덩이가 바닥에 닿는 아랫부분부터 허리까지 들어주어 아취를 만든다. 엉덩이와 갈비뼈는 서로 정상에 놓여져 있다.

호흡 : 숨을 들이 마시면서 들어 올린다. 내쉬면서 옆으로 드는 것을 마무리한다. 들이마시면서 옆굽힘을 유지한다. 내쉬면서 시작 자세로 낮추어 준다. 한쪽 면당 3~5회 반복한다.

진행과정 시 조절사항 :

- 강도를 줄이려면 아래쪽 무릎을 바닥에 구부려 준다.
- 손목의 불편함을 줄이려면 팔뚝을 바닥에 놓아준다.

명상 : 신체 움직임이 분수에서 물의 아취와 유사하다고 상상을 해본다.

옆으로 비틀기 자세 (Side Twist)

a

b

c

d

시작 자세 : 발목이 교차되게 앉으며 무릎의 위쪽이 천장을 가리키게 한다. 손가락이 바깥쪽을 향하게 하여 바닥에 대고 어깨에서 앞으로 약간 기울어진 상태에서 팔을 곧게 뻗는다. 반대편 손은 손바닥이 위를 향하고 손목이 무릎의 위쪽을 가로질러 편 상태로 놓는다(그림 a 참조).

동작 : 엉덩이의 바닥 부분을 들어 올려서 지탱하는 팔을 가로질러 옆으로 구부린 다음 반대편 팔을 머리 위로 뻗어주어 양 다리가 펴지고 서로 꼬이면서 아취를 만들어 내어 몸 전체가 옆쪽으로 굽게 만든다(그림 b 참조). 위쪽 팔을 뻗어 올려 사이드 플랭크 자세를 만들고(그림 c 참조), 팔꿈치를 구부렸다가 팔을 뻗어서 몸통 아래 반대편 다리에 닿도록 하는데 엉덩이를 뾰족하게 들어 올린다(그림 d 참조). 상부 몸통에서부터 비틀기를 시작하여 흉곽을 반대편 엉덩이 방향으로 움직이게 한다. 사이드 플랭크 자세에서 팔을 뻗은 상태로 되돌아온다. 시작 자세로 몸을 내려준다.

정렬 : 옆으로 구부릴 때의 위쪽 부분, 지탱해주는 팔이 수직을 이루고 엉덩이 바닥 부분을 들어 올리며 손목을 수축시켜서 몸의 모양을 둥글게 만들어준다. 엉덩이와 갈비뼈가 서로 만곡의 윗부분에 있게 된다.

호흡 : 숨을 들이 마시면서 들어 올리기를 시작하고, 숨을 내쉬면서 옆으로 구부림을 마무리한다. 들이 마시면서 팔을 들어서 뻗어준다. 숨을 내쉬면서 반대편 엉덩이로 몸을 비틀어 준다. 숨을 들이 마시면서 팔을 반대로 빼준다. 숨을 내쉬면서 시작 자세로 몸을 내려준다. 한쪽 면당 3~5회 반복한다.

진행과정 시 조절사항 :

- 강도를 줄이려면 무릎을 구부려 바닥에 닿게 해 놓는다.
- 손목의 불편함을 줄이려면 팔뚝을 바닥에 대고 한다.

명상 : 호흡과 움직임 사이의 흐름을 만든다.

기본 운동 (FOUNDATIONAL EXERCISE)

복부 브레이스 자세 (Abdominal Brace Position)

a

b

시작 자세 : 등을 바닥에 대고 눕는다. 척추와 골반은 중립적으로 정렬되어 있으며, 무릎은 구부리며, 두덩뼈와 일직선상에 양발을 바닥에 놓아준다. 몸의 측면에 있는 팔을 손바닥을 아래로 하여 바닥에 내려 놓는다(그림 a 참조).

동작 : 목의 뒤쪽을 길게 해주고 견갑골을 흉곽 뒷부분으로 가져온다. 흉곽 앞쪽을 골반 쪽으로 움직여서 흉추를 구부릴 때 양 견갑골은 아래로 놓인 상태를 유지하며, 양팔을 밖으로 뻗어준다. 배꼽이 척추 쪽으로 가듯이 심부의 코어 근육을 수축시켜 준다(그림 b 참조).

정렬 : 늑골이 엉덩이 쪽으로 움직일 때 엉덩이가 바닥에 고정된다. 어깨는 바닥에서 약간 들어 올린다.

호흡 : 숨을 들이 마시면서 준비를 한다. 숨을 내쉬면서 코어의 근육을 수축시켜 갈비뼈의 앞부분이 엉덩이 쪽으로 미끄러지듯이 구부린다. 숨을 내쉬면서 자세를 낮추어준다. 5~10회 반복한다.

기술적인 조언 :

- 흉곽 아랫부분을 엉덩이 쪽으로 미끄러지듯이 구부린다.
- 턱을 살짝 잡아 당겨준다.

진행과정 시 조절사항 :

- 복부를 감싸는 근육의 동작을 연습하려면 머리를 바닥에 두고, 근육 수축에 따른 호흡 리듬을 연습한다.
- 머리 뒤에 손을 두어 목을 지탱해준다.

명상 : 복부를 감싸주는 근육은 심부 안쪽의 코어 근육으로 내적인 긴장을 만들어 주는 것으로 시작되어 코어를 강력하고 안정적으로 만들어준다. 안쪽으로부터 코어를 단단하게 만들어주는 감각을 유지하는 것에 집중하는 것은 당신이 좀 더 어려운 운동으로 진행할 수 있게 해준다.

복부 브레이스 자세에서 다리 들기 (Leg Lift Tabletop)

a

b

시작 자세 : 복부 브레이스 자세에서 시작한다(그림 a 참조).

동작 : 복부 근육의 내적인 긴장으로 흉곽 앞쪽이 골반 쪽으로 온다. 양 어깨는 바닥에서 들어 올려 주고 아래로 내려주어 귀에서 멀어지게 한다. 엉덩이를 바닥에 붙여 고정하고 갈비뼈를 엉덩이 쪽으로 가져간다. 한 번에 한 다리씩 양쪽 다리를 엉덩관절, 무릎관절을 90°로 구부려서 올려준다.
발끝을 바닥에 닿게 한쪽 다리를 내려준다(그림 b 참조). 다리를 다시 올려서 시작 자세로 돌아오고 반대쪽도 반복해준다. 복부의 근육을 수축시키면서 다리를 내려준다.

정렬 : 복부 근육이 불쑥 툭 튀어 나오며 당신이 다리를 들고 들어 올릴 때 허리가 과신전되는 경향을 주의 깊게 살핀다.

호흡 : 숨을 들이 마시면서 준비를 한다. 숨을 내쉬면서 코어의 근육을 수축시켜 갈비뼈의 앞부분이 엉덩이 쪽으로 미끄러지듯이 구부린다. 숨을 마시면서 다리를 내려주고 내쉬면서 올려준다.
한 측면 당 6~12회 반복한다.

진행과정 시 조절사항 :

- 운동을 더 쉽게 하려면, 바닥에 발을 대고 다리를 올려준다.
- 좀 더 도전적으로 수행하고 싶다면, 한 번에 두 다리를 내린다.
- 좀 더 역동적으로 하고 싶으면, 다리 올려주기를 다양한 템포로 번갈아가며 해준다.

명상 : 허리를 아래로 내리지 않은 상태에서 코어를 수축한다. 허리를 손상시키지 않으면서 복부 근육이 얼마나 많이 일할 수 있는지 알게 된다.

구부리기와 스트레칭 (Bend and Stretch)

a

b

c

시작 자세 : 복부 브레이스 자세에서 시작한다. 엉덩이와 무릎을 90°로 구부려서 다리를 들어 올려주고 흉곽 앞쪽을 골반 쪽으로 가져온다(그림 a 참조).

정렬 : 운동하는 동안에 머리를 들어 올리고 복근을 안쪽과 아래쪽으로 당겨주어 복부 브레이스 자세를 유지한다(그림 b 참조). 양 다리를 대각선 방향과 밖으로 펴주면서 양팔을 머리 위로 들어 올려준다(그림 c 참조). 양 팔은 원을 그리며 돌리면서 굽혀주어 시작 자세를 취한다.

정렬 : 운동하는 동안에 머리를 들어 올리고 복근을 안쪽과 아래쪽으로 당겨주어 복부 브레이스 자세를 유지한다.

호흡 : 숨을 들이마시면서 양팔을 들어주고 다리를 펴준다. 숨을 내쉬면서 코어 근육을 수축시키고 팔과 다리를 가져와서 테이블탑 자세를 만들어준다. 5~10회 반복한다.

진행과정 시 조절사항 :

- 운동을 좀 더 쉽게 하려면 팔이나 다리 동작을 독립적으로 수행한다.
- 좀 더 도전적으로 하고 싶으면 다리를 펴면서 다리를 좀 더 내려준다.
- 목에 불편함이 있으면 머리를 바닥으로 내린다.
- 다양하게 수행하고 싶다면, 움직임을 느리게 하거나 다양한 템포로 할 수 있고 호흡을 느리거나 깊게 할 수 있다.

명상 : 운동을 하는 동안 몸통의 모양을 유지해준다.

한 다리 스트레칭 자세 (Single-Leg Stretch)

a

b

시작 자세 : 복부 브레이스 자세에서 시작한다. 엉덩이와 무릎을 90°로 구부려서 다리를 들어 올려주고 흉곽 앞쪽을 골반 쪽으로 가져온다. 엉덩이를 바닥에 붙여 고정하고 흉곽의 앞쪽을 엉덩이 쪽으로 움직인다(그림 a 참조).

동작 : 몸을 구부리고 양팔을 곧게 펴서 몸의 양 옆에 나란히 두고 턱은 살짝 당겨준다. 한쪽 다리를 곧게 뻗으면서 펴준다(그림 b 참조). 다리를 내려주고 반대편 다리를 곧게 펴주면서 늘려준다.

정렬 : 운동하는 동안에 머리를 들어 올리고 복근을 안쪽과 아래쪽으로 당겨주어 복부 브레이스 자세를 유지한다. 골반이 좌우로 잠기지 않게 한다.

호흡 : 숨을 들이 마시면서 코어 브레이스 근육을 수축시켜 준다. 숨을 내쉬면서 한 다리를 펴주면서 늘려준다. 숨을 들이 마시면서 다리를 내려준다. 한 측면 당 8~12회 반복한다.

진행과정 시 조절사항 :

- 운동을 더 쉽게 하려면, 무릎을 구부려서 발가락을 바닥에 닿게 한다.
- 좀 더 도전적으로 하고 싶으면, 손을 머리 뒤로 가져간다.
- 다양성을 위해 다리를 내려주는 동작에서 천천히 움직이거나 빠르게 움직여 템포를 변화시켜 준다.

명상 : 동작을 우아하게 유지하면서 코어 근육에서 일어나는 변화에 초점을 맞춘다.

교차 자세 (Crisscross)

a

b

시작 자세 : 복부 브레이스 자세에서 시작한다. 엉덩이와 무릎을 90°로 구부려서 다리를 들어 올려주고 흉곽 앞쪽을 골반 쪽으로 가져온다. 엉덩이를 바닥에 붙여 고정하고 흉곽의 앞쪽을 엉덩이 쪽으로 움직인다(그림 a 참조).

동작 : 양 어깨는 바닥에서 살짝 들어주고 아래로 내려주어 귀에서 멀어지게 한다. 한쪽 다리를 곧게 뻗으면서 펴주고 동시에 흉곽 앞쪽을 반대편 골반 쪽으로 움직여서 상체를 굽혀진 무릎 방향으로 회전시키면서 구부려준다(그림 b 참조). 다리를 내려주면서 반대편을 해준다.

정렬 : 운동하는 동안에 복부 브레이스 자세를 유지한다. 골반이 좌우로 잠기지 않게 한다.

호흡 : 숨을 들이 마시면서 코어 브레이스를 수축시킨다. 숨을 내쉬면서 한쪽 다리를 펴서 회전시켜준다. 숨을 들이 마시면서 코어에 집중한다. 숨을 내쉬면서 다리를 내린다. 한 측면 당 8~12회 반복한다.

진행과정 시 조절사항 :

- 운동을 더 쉽게 하려면, 무릎을 구부려서 발가락을 바닥에 닿게 한다.
- 다양성을 위해 다리를 내려주는 동작에서 천천히 움직이거나 빠르게 움직여 템포를 변화시켜준다.

명상 : 이 연습은 순환보다는 코어의 연결에 초점을 맞춘다. 탄력있는 끈과 같은 코어 근육 섬유가 갈비뼈 아래부위에서 반대편 골반으로 십자가처럼 교차되어 연결되어 있는 것을 상상해 본다.

기본 운동 (FOUNDATIONAL EXERCISE)

브릿지 자세 (Shoulder Bridge Position)

a

b

시작 자세 : 바르게 누워 척추와 골반은 중립을 유지한다. 척추와 골반은 중립적으로 정렬되어 있으며, 무릎은 구부리며, 두덩뼈와 일직선상에 양발을 바닥에 놓아 주고, 종아리는 수직으로 세운다. 몸의 양 옆쪽으로 팔을 바닥에 내려 놓는다(그림 a 참조).

동작 : 목의 뒤쪽을 길게 해주고 견갑골을 등의 중앙 부위로 가져온다. 발을 아래로 누르면서 엉덩이를 들어 올리고 중립적인 척추 정렬을 유지하면서 견갑골을 모아준다(그림 b 참조). 햄스트링, 볼기근 그리고 척추 근육들을 함께 수축시켜 준다.

정렬 : 어깨뼈에서 무릎까지 척추뼈의 중립적인 정렬을 유지하면서 엉덩이를 들어주고 내려준다.

호흡 : 숨을 들이 마시면서 준비를 한다. 숨을 내쉬면서 어깨–브릿지 자세로 들어준다. 숨을 들이 마시고 유지한다. 숨을 내쉬면서 내려 준다. 8~12회 반복한다.

기술적인 조언 :

- 흉곽의 아래 부위를 엉덩이 쪽으로 미끄러지듯이 구부려 주며 등의 중립 자세를 유지한다.
- 턱을 약간 당겨준다.
- 발 안쪽 모서리 부위를 누를 때에 발과 엉덩이에서의 무릎의 정렬을 맞추어준다.

진행과정 시 조절사항 :

- 강도를 높이려면, 양팔을 천장에 향해 올려준다.
- 허벅지 안쪽의 근육을 더 많이 활성화하려면 발과 다리를 함께 움직이며 엉덩이를 들어 올릴 때에 다리를 쥐어 짜주듯이 수축시킨다.
- 다양성을 위해 어깨–브릿지 자세로 들어 올린 상태를 유지하면서 몇 차례 호흡을 해준다.

명상 : 다리 자세는 신체 뒤쪽의 근육, 특히 볼기근과 허벅지 근육을 강하게 만들어주는 최고의 운동이다. 이 운동을 수행하면서, 움직임을 시작하는 볼기근육들에 초점을 맞춘다. 운동 전반에 걸쳐 그 근육들이 활성화되어 유지하게 될 것을 확신한다.

브릿지 자세에서 다리들기 (Shoulder Bridge With Leg Lift)

a

b

시작 자세 : 어깨-브릿지 자세에서 시작한다. 척추와 골반은 중립적으로 정렬하고, 무릎은 구부리며, 두덩뼈와 일직선상에 양발을 바닥에 놓아 주고, 종아리는 수직으로 세운다. 몸의 양 옆쪽으로 팔을 바닥에 내려 놓는다.

동작 : 목의 뒤쪽을 길게 해주고 견갑골을 등의 중앙 부위로 가져온다. 한쪽 다리는 무릎을 구부린 자세로 들어 올린다(그림 a 참조). 발을 아래로 누르면서 엉덩이를 들어 올리고 중립적인 척추 정렬을 유지하면서 견갑골을 모아준다. 햄스트링, 볼기근 그리고 척추 근육들을 함께 수축시켜 준다. 엉덩이를 아래로 내리면서 다리를 들어 올린 자세를 유지한다.

정렬 : 어깨뼈에서 무릎까지 척추뼈의 중립적인 정렬을 유지하면서 엉덩이를 들어주고 내려준다. 골반이 한쪽 방향으로 기울여지지 않게 한다.

호흡 : 숨을 들이 마시면서 준비를 한다. 어깨-브릿지 자세에서 한쪽 다리를 들어 올려줄 때에 숨을 내쉰다. 숨을 들이 마시고 유지한다. 숨을 내쉬면서 내려 준다. 한쪽 측면마다 8~12회 반복한다.

진행과정 시 조절사항 :

- 강도를 높이려면, 들어 올린 다리를 곧게 펴준다(그림 b 참조).
- 코어를 역동적으로 좀 더 자극하려면, 어깨-브릿지 자세에서, 무릎을 구부리거나 펴면서 엉덩이를 올려주고, 어깨-브릿지 자세를 유지하고, 그리고 어깨-브릿지 자세로 내리기전에 3~5회 정도 내리거나 올려준다.

명상 : 한 쪽 다리가 올라갈 때의 엉덩이에서 이동에 대한 인식을 갖기 위해 손을 엉덩이에 둔다. 운동 전반에 걸쳐서 엉덩이 높이를 유지하는 것에 중점을 둔다.

브릿지 자세에서 외회전 (Shoulder Bridge in External Rotation)

a

b

시작 자세 : 어깨-브릿지 자세에서 시작한다. 척추와 골반은 중립적으로 정렬되어 있으며, 무릎은 구부리며, 두덩뼈와 일직선상에 양발을 바닥에 놓아 주고, 종아리는 수직으로 세운다. 몸의 양 옆쪽으로 팔을 바닥에 내려 놓는다(그림 a 참조).

동작 : 무릎을 바깥으로 벌려주어 발의 외측을 바닥에 닿게 한다. 다리의 긴장을 유지하며 발을 아래로 눌러서 엉덩이를 들어주면서 어깨-브릿지 자세를 만들어준다(그림 b 참조).

정렬 : 척추뼈의 중립적인 정렬을 유지한다. 햄스트링, 볼기근 그리고 척추 근육들을 함께 수축시켜 준다.

호흡 : 숨을 들이 마시면서 무릎을 양쪽으로 벌린다. 숨을 내쉬면서 엉덩이를 들어 주어 어깨-브릿지 자세를 만든다. 숨을 들이 마시고 유지한다. 숨을 내쉬면서 내려 준다. 8~12회 반복해준다.

진행과정 시 조절사항 :

- 허벅지 안쪽의 근육을 더 많이 활성화하려면 엉덩이를 들어 올리면서 무릎을 벌려줄 때와 내려줄 때에 허벅지 안쪽 근육을 짜주듯이 수축시킨다.
- 다양성을 위해, 템포에 변화를 주고 올려준 상태로 유지해준다.

명상 : 꼬리뼈가 발뒤꿈치쪽으로 가볍게 내려가면서 미끄러지는 것은 허리에서의 공간에 대한 감각을 만들어준다. 몸의 등쪽에서 사용되는 모든 근육이 동등하게 사용될 수 있도록 유지해준다.

7

안정 및 회복 운동

(Calming and Restorative Exercises)

이 장의 연습은 운동 후에 몸을 진정시키고 회복시킨다. 이것은 당신의 전체 운동의 중요한 부분이며 빠뜨려서는 안된다. 사실, 몸을 식히고 회복시키면 신경계, 심장, 폐, 근육 및 호르몬을 자연스러운 리듬에 의해서 생리학적 시스템을 회복시킨다. 이것은 가정의 온도 조절기를 반영한다. 인체는 정상적인 기능을 유지하기 위해 이상적인 온도 설정 기능을 가지고 있다. 운동을 하는 동안 내부 온도조절기가 상승하고 당신의 온도가 올라간다. 인체를 식히는 동안 이상적인 온도로 돌아오고 설정된다.
회복하는 동안, 당신의 몸은 회복하고, 재충전하고, 그리고 운동으로 인한 생리적 이익을 재구축하고 실현해준다.

진정 및 회복 운동을 시작하려면, 운동을 시작할 때로 돌아가서 설정을 해야 한다. 당신의 관심은 하나의 운동을 완벽하게 하거나 각 운동의 반복에 있을 지도 모른다. 또 다른 관심은
호흡에 대한 의식에 있을 지도 모른다.

지금부터 당신의 관심과 상관없이, 과거에 어떻게 운동을 했는지를 (상관하지 말고) 반영하지 말고 돌려본다. 보다 완벽한 회복을 위해 이번 장의 운동들은 운동 의도에 따라 그룹화되었다.
완전한 신체 회복을 위해서 의도적으로 모은 다양한 운동 그룹에서 운동을 선택한다.

스트레스 및 체중 증가

퓨전 운동에 참여하기 위한 목표 중 하나가 체중 관리라면 정신적 불안과 신체적 스트레스가 체중 증가에 미치는 영향을 이해하는 것이 중요하다. 인체가 운동에서 느끼는 긍정적인 결과를 가져오는 스트레스 (eustress=긍정적 스트레스)에서나 걱정(부정적 스트레스)에서, 신체는 강력한 호르몬을 방출하여 싸울 수 있다. 이들 호르몬은 신체 활동에 참여할 때 더 큰 에너지와 힘을 준다. 이번 워크아웃 회복 단계에서
몸이 자연스럽게 이 호르몬 수준의 수치를 낮추어 준다. 인지된 스트레스를 회복하지 않으면, 이러한 호르몬은 혈류에 남아서 신체에 혼란을 초래하기 시작한다. 부정적인 측면 중 두 가지 효과는 혈류로의 인슐린 분비 증가와 지방저장의 증가 때문이다(종종 신체의 중앙부에). 신체는, 빠른 속도로, 다음에 필요할 때 가장 쉽게
접근할 수 있는 곳에 지방을 저장한다. 그래서 당신이 더 물리적으로 도전적인 운동과 함께 회복 운동을 연습할 시간을 필요로 한다. 많은 영양사가 체중 관리를 위해서 회복 운동뿐만 아니라 심호흡을 권장한다.

전방 구부리기 자세 (Forward Bends)

앞으로 구부리는 자세는 일반적으로 진정을 하게 해준다. 몸통을 앞으로 구부리고 가슴을 앞쪽으로 내리는 것은 혈액 순환을 감소시키며 심박동을 느리게 해준다. 앞으로 구부리거나 펴주는 이 동작을 통해서 몸에서 나오는 이 자연스러운 반응에 관심을 기울여 본다.

앉아서 전방 구부리기 자세 (Seated Forward Bend)

시작 자세 : 앉은 전방 구부리기 자세에서 시작하며 엉덩이 앞쪽으로 다리를 곧게 펴준 상태에서 손을 엉덩이 옆의 바닥에 둔다. 궁둥뼈 중심으로 앉아 주고 척추에서 머리의 정수리까지 길게 올려준다.

동작 : 길게 늘린 자세를 유지하면서 엉덩이를 앞으로 구부려주고, 몸통을 편 상태로 가슴을 앞으로 다리 위로 구부려준다. 어깨는 이완시켜 편안하게 유지한다. 목을 길게 늘려주고 어깨는 가슴 앞부분이 열리게 살짝 뒤로 유지한다. 손을 사용하여 엉덩이 양 옆에서 바닥으로 눌러주어 몸이 앞으로 구부러지는 것을 도와준다. 더 이상 구부러지지 않을 때, 척추를 다리 위로 굴곡시켜 주고, 양팔을 발쪽으로 뻗어준다(그림 참조). 당신이 발까지 닿는 것을 편안하게 할 수 없다면, 발의 바깥 부분에 손을 놓아준다. 이 자세에서 이완을 해준다.

정렬 : 엉덩이에서부터 앞으로 구부리고 척추를 길게 늘려준 상태를 유지한다. 등을 과도하게 둥글게 말아주는 것과 어깨를 들어 올리는 것을 하지 말아야 한다.

호흡 : 숨을 들이 마시면서 길게 앉는다. 숨을 내쉬면서 앞으로 구부린다. 자연스럽게 이완한다. 원하지 않는 긴장을 없애기 위해 내쉬는 호흡에 집중한다. 5~10회 깊은 호흡을 유지한다.

진행과정 시 조절사항 :

- 무릎을 약간 구부리면 햄스트링 근육의 이완을 도와준다.
- 매트를 말아주거나 요가 블록에 앉으면 엉덩이를 올려주어 앞으로 구부리는 것을 쉽게 해준다.
- 다리 주위에 요가벨트를 착용하면 스트레칭을 좀 더 심도 있게 할 수 있다.

명상 : 신체의 뒤쪽을 따라 해부학적인 라인에 대한 인식을 해본다. 발바닥에서 시작하여 다리 뒷면을 따라, 엉덩이를 지나 척추를 거쳐 머리까지를 인식해본다. 앞으로 굽혀주는 것은 신체의 뒷 라인을 모두 길게 해준다.

넓게 다리 벌려 앉은 자세에서 전방 구부리기 자세 (악어 자세)

시작 자세 : 앉은 전방 구부리기 자세에서 시작하며 양다리를 바깥으로 곧게 펴주어 V- 모양을 만든다. 무릎 관절의 슬개골을 위로 향하게 하고, 발목을 구부리며, 발가락이 천장을 향하도록 한다. 두덩뼈의 중앙에 앉아 머리의 정수리를 거쳐서 척추를 통해 자세를 들어 올린다.
양손을 몸통의 앞쪽 바닥에 놓는다.

동작 : 길게 늘린 자세를 유지하면서 엉덩이를 앞으로 구부려주고, 몸통을 편 상태로 가슴을 앞으로 다리 위로 구부려준다. 어깨는 이완시켜 아래로 떨어지게 하고 귀로부터 멀어지게 한다.
가슴 앞부분이 열린 상태를 유지한다. 손을 사용하여 몸을 지탱해주면서 몸을 바닥 쪽으로 움직인다.
더 이상 구부러지지 않을 때, 척추가 부드럽게 앞으로 구부러지도록 해준다(그림 참조).
이 자세로 이완한다.

정렬 : 무릎이 천장 쪽으로 향하게 하여, 앞으로 구부릴 때, 시작 자세에서의 다리를 유지한다.
어깨를 편안하게 아래로 내려주고 등의 상부는 길게 늘려준다.

호흡 : 숨을 들이 마시면서 길게 앉는다. 숨을 내쉬면서 앞으로 구부려준다. 호흡을 자연스럽게 하여 이완시켜 준다. 원하지 않는 긴장을 없애기 위해 내쉬는 호흡에 집중한다. 5~10회의 깊은 호흡을 하면서 자세를 유지한다.

진행과정 시 조절사항 :

- 무릎을 약간 구부리면 햄스트링 근육의 이완을 도와준다.
- 매트를 말아주거나 요가 블록에 앉으면 엉덩이를 올려주어 앞으로 구부리는 것을 쉽게 해준다.
- 손을 엉덩이 뒤쪽에 놓고 바닥으로 눌러주면 앞으로 숙이는데 도움이 된다.

명상 : 엉덩이의 움직임에 주의를 기울여본다. 다리는 앞으로 구부릴 때 그대로 유지하고, 엉덩이가 대퇴골(넙다리뼈)을 회전하도록 한다. 몸통이 앞으로 움직일 때 두덩뼈가 들어 올려지는 감각을 느껴본다.

다리 교차하여 앉은 자세에서 전방 구부리기

시작 자세 : 앉은 전방 구부리기 자세에서 시작하며 발목을 교차해 놓으며 고관절을 열어준다. 두덩뼈의 중앙에 앉아 머리의 정수리를 거쳐서 척추를 통해 자세를 들어 올린다.

동작 : 앉은 자세에서, 양 팔을 머리 위로 팔을 들어 올리고, 몸통부터 앞으로 구부리면서 양손을 바닥에 가져간다. 척추에 커브가 생기면서 부드럽고 완전하게 스트레칭을 해준다(그림 참조). 이 자세로 이완한다. 반대쪽 발을 앞쪽으로 교차시키며 반복한다.

정렬 : 손을 사용하여 몸을 지탱해주면서 목이나 등의 상부에 긴장이 생기지 않게 하면서 앞으로 구부려 준다.

호흡 : 숨을 들이 마시면서 몸을 길게 늘려 앉는다. 숨을 내쉬면서 앞으로 구부려준다. 숨을 들이 마시면서 흉곽의 뒷부분을 확장시켜 주고, 숨을 내쉬면서 이완시켜 준다. 5~10회의 깊은 호흡을 하면서 자세를 유지한다.

진행과정 시 조절사항 :

- 매트를 말아주거나 요가 블록에 앉으면 엉덩이를 올려주며 골반을 열어 주어 앞으로 구부리는 것을 쉽게 해준다.
- 앞으로 구부리는 자세에서는 바닥에 손을 대고 한 팔을 반대편으로 뻗어 주면 몸통의 옆면이나 뒤쪽의 긴장을 더 많이 이완시켜 준다. 반대편도 반복해준다.

명상 : 몸의 많은 부분에서 스트레칭 되는 감각을 느껴 본다. 긴장이 있는 곳이 어디이며 이곳에서 당신의 호흡이 이루어지는 것을 관찰해본다.

강아지 자세 (Puppy Pose)

a

b

시작 자세 : 무릎을 꿇은 자세에서 엉덩이와 허벅지 아래의 수직선상에 무릎을 놓는다(그림 a 참조).

동작 : 팔을 곧게 펴주고 어깨 너비를 벌려주며, 앞으로 뻗어주며 가슴 아래 부분을 바닥 쪽으로 내려주는데 엉덩이가 들린 상태를 유지한다(그림 b 참조). 허벅지는 수직선상에 있고 팔은 앞으로 움직이고 가슴은 바닥 쪽으로 내려준다. 이 자세로 이완한다.

정렬 : 심부 복부 근육의 수축을 유지하며 등을 지탱해주면서 척추의 과신전을 방지해준다.

호흡 : 숨을 들이 마시면서 운동을 시작한다. 숨을 내쉬면서 가슴을 바닥 쪽으로 내려준다. 5~10회 호흡을 유지해준다.

진행과정 시 조절사항 :

- 무릎 아래에 매트를 말아주면 편안해진다.
- 팔꿈치를 구부린 후 팔뚝을 바닥에 대면 어깨와 등의 긴장을 감소시켜 준다.

명상 : 심박수를 낮추며 몸을 진정시키려면 느린 호흡 리듬에 집중한다.

비틀기 자세 (Twists)

트위스트가 코어 깊숙이 침투하여, 몸통의 근육 그리고 기관에 이로움을 제공하고 척추에서는 유연함과 자유로움을 만들어준다. 트위스트의 연습은 운동 중에 생기는 부산물을 제거하여 몸을 해독해 주는 동안 깊고 풍부한 호흡을 권장한다.

앉아서 비틀기 자세 (Seated Twist)

a

b

시작 자세 : 앉은 자세에서 무릎을 구부리고 발을 바닥에 올려놓는다(그림 a 참조). 치골(두덩뼈)의 중앙에 앉아 머리의 정수리를 거쳐서 척추까지 자세를 들어 올린다.

동작 : 한 팔을 머리 위로 가져 와서 몸의 한쪽 측면을 길게 만들어주고 다른 손으로 척추를 들어 올려주기 위해 바닥을 눌러준다. 척추의 길이를 유지하면서 반대편으로 돌려주는데, 막대 자세를 유지하며 흉곽을 허벅지에 가깝게 해준다. 팔뚝을 바깥 허벅지에 가져 와서 뒤쪽의 어깨가 보이게 한다(그림 b 참조). 비틀기를 돕기 위해, 다리를 가로질러 뻗은 팔로 허벅지를 부드럽게 눌러준다. 천천히 자세를 풀어주고 반대쪽도 반복한다.

정렬 : 늘려준 자세에서 옆으로 비틀 때 척추를 긴 자세로 길게 유지한다. 팔로 다리를 눌러줄 때 허벅지는 중심선 안을 유지한다.

호흡 : 숨을 들이 마시면서 몸을 길게 늘리며 앉는다. 숨을 내쉬면서 한쪽 방향으로 돌려준다. 호흡을 자연스럽게 한다. 5~10회의 깊은 호흡을 하면서 자세를 유지한다.

진행과정 시 조절사항 :

- 무릎 아래에 매트를 말아주면 편안해진다.
- 다리를 한쪽으로 기울이면 앉은 자세 트위스트가 다양해진다.

명상 : 자연스럽게 호흡을 한다. 호흡이 힘들다면, 비틀기를 너무 심하게 한 것이다.

교차된 다리에서 앉은 자세 트위스트 (Cross-Legged Seated Twist)

a

b

시작 자세 : 다리를 교차해서 앉은 자세에서 시작한다. 무릎이 구부리고 다리를 접어 반대편 다리 아래에 놓는다(그림 a 참조). 두덩뼈의 중앙에 앉아 머리의 정수리를 거쳐서 척추를 통해 자세를 들어 올린다.

동작 : 한 팔을 머리 위로 가져 와서 몸의 한쪽 측면을 길게 만들어주고 다른 손으로 척추를 들어 올려주기 위해 바닥을 눌러준다. 척추의 길이를 유지하면서 반대편으로 돌려주는데, 막대 자세를 유지하며 흉곽을 허벅지에 가깝게 해준다. 팔뚝을 바깥 허벅지에 가져 와서 한쪽 면이 보이게 한다(그림 b 참조). 비틀기를 돕기 위해, 다리를 가로질러 뻗은 팔로 허벅지를 부드럽게 눌러준다. 천천히 자세를 풀어주고 반대쪽도 반복한다.

정렬 : 늘려준 자세에서 옆으로 비틀 때 척추를 긴 자세로 길게 유지한다. 팔로 다리를 눌러줄 때 허벅지가 안쪽으로 떨어지지 않게 한다.

호흡 : 숨을 들이 마시면서 몸을 길게 늘려 앉는다. 숨을 내쉬면서 한쪽 방향으로 돌려준다. 호흡을 자연스럽게 한다. 5~10회의 깊은 호흡을 하면서 자세를 유지한다.

진행과정 시 조절사항 :

- 무릎 아래에 매트를 말아주면 편안해진다.
- 무릎에 불편함을 느낀다면 한쪽 다리를 앞쪽으로 곧게 펴주고 다른 쪽 다리를 교차시켜 올려주는 자세인 무릎 구부린 자세를 취해준다.

명상 : 비틀기는 갈비뼈, 등의 상부 그리고 목으로 진행되어야 하며 치골의 양쪽에서 균등하게 체중지지가 이루어져야 한다.

무릎 꿇은 자세에서 비틀기 (Kneeling Twist)

a

b

시작 자세 : 무릎을 꿇은 자세에서 손은 어깨 아래에 놓고 무릎은 골반보다 약간 넓게 벌려준다(그림 a 참조).

동작 : 한 손은 몸의 중심선 상의 바닥에 놓는다. 팔을 곧게 펴 지탱해주고, 반대편 팔은 몸통을 반대편으로 돌려 위쪽으로 뻗어준다(그림 b 참조). 시선은 옆쪽을 바라보거나 위쪽의 손을 바라본다.

정렬 : 허벅지는 수직선상에 유지하고 한쪽으로 몸을 돌려 가슴을 열어줄 때 팔은 곧게 펴서 지탱해준다.

호흡 : 숨을 들이 마시면서 자세를 준비한다. 숨을 내쉬면서 반대편으로 돌리면서 팔을 뻗는다. 한쪽 면마다 3~5회 호흡을 유지해준다.

진행과정 시 조절사항 :

- 무릎 아래에 매트를 말아주면 편안해진다.
- 강도를 줄이려면, 팔을 뻗어주는 것보다 팔로 등을 감싸 안아서 손바닥이 위를 바라보게(열중쉬어 자세)한 자세를 해준다.

명상 : 이 자세는 앞쪽 가슴을 열어준다. 호흡이 우리 몸을 좀 더 쉽게 움직이게 한다는 것을 알려면 시간이 걸린다.

낮은 런지 자세에서 비틀기 (Revolving Low Lunge)

a

b

시작 자세 : 런지 자세를 취한다. 앞쪽의 다리는 무릎에서 발목까지 수직선상에 놓으며, 뒤쪽의 다리는 곧게 뒤로 펴준다(그림 a 참조).

동작 : 반대쪽 손을 앞발의 옆쪽 어깨 바로 밑에 놓는다. 엉덩이 뒤쪽에서 회전을 시작하고 부드럽게 척추를 통해 머리의 꼭대기까지 회전을 한다. 회전은 골반에서 시작하여 상체로 이어진다. 동시에 자유로운 반대편 팔은 위로 향하게 뻗어준다(그림 b 참조). 머리는 옆으로 돌리거나 위의 손을 쳐다본다.

정렬 : 앞발의 무릎은 발 중앙에 정렬을 유지시켜주고 척추의 길이를 유지하면서 몸을 회전한다.

호흡 : 숨을 들이 마시면서 척추를 길게 한다. 숨을 내쉬면서 한쪽으로 돌려준다. 호흡을 자연스럽게 해준다. 한쪽 면마다 5~10회 호흡을 유지한다.

진행과정 시 조절사항 :

- 스트레칭의 강도를 줄이려면, 뒤쪽 무릎을 바닥까지 내려준다.
- 무릎 아래에 매트를 말아주면 편안해진다.
- 다양하게 하려면, 팔로 등을 감싸 안아서 손바닥이 위를 바라보게 한 자세(열중쉬어 자세)를 해준다.

명상 : 가슴을 열고 척추를 통하여 길이를 느껴본다.

실과 바늘 자세 (고양이 자세에서 비틀기 자세)

a

b

시작 자세 : 무릎 구부린 자세를 취한다. 손은 어깨 아래에 놓고 무릎은 골반보다 약간 넓게 벌려준다(그림 a 참조).

동작 : 몸통 아래로 한쪽 팔을 뻗어서 반대편으로 가로질러 손바닥을 뒤집어 놓는다. 어깨의 바깥 부분을 바닥에 대고 머리의 측면도 바닥에 대고 휴식을 취한다(그림 b 참조). 상체의 무게는 바깥쪽 어깨에 실어준다. 시선은 옆을 바라보거나 위쪽의 손을 바라본다.

정렬 : 허벅지를 수직으로 유지하고 엉덩이를 들어 올린다. 갈비뼈에서부터 중간부위로 회전을 한다.

호흡 : 숨을 들이 마시면서 팔을 들어준다. 숨을 내쉬면서 팔을 아래로 뻗고 한쪽 편으로 회전을 한다. 호흡을 자연스럽게 해준다. 한쪽 면마다 5~10회 호흡을 유지한다.

진행과정 시 조절사항 :

- 무릎 아래에 매트를 말아주면 편안해진다.
- 더 많은 회전을 하려면, 팔을 위로 뻗어주기보다는 바닥 위에 올려놓은 손을 유지하면서 손가락들을 아래로 눌러준다.
- 어깨를 바닥에 대주는 순간에, 반대쪽 팔을 들어 올린다.

명상 : 흡기와 호기 사이의 일정한 리듬에 집중한다.

누워서 비틀기 자세 (Reclining Twist)

a

b

시작 자세 : 발을 바닥에 놓고 무릎을 구부리고 등을 대고 누워 있다. 팔은 어깨높이로 양쪽으로 벌려 주고 손바닥은 위로 향하게 한다(그림 a 참조).

동작 : 다리를 모아준 상태에서, 양쪽 다리를 한쪽으로 돌려주는데 이 때 양쪽 어깨는 바닥에 유지해준다(그림 b 참조). 다리를 중앙으로 가져 오고, 반대 방향도 반복한다.

정렬 : 다리를 한쪽으로 회전할 때 견갑골(어깨뼈)을 바닥에 유지한다.

호흡 : 숨을 들이 마시면서 준비한다. 숨을 내쉬면서 한쪽 편으로 회전을 한다. 숨을 들이 마시고 제 자리로 돌아온다. 숨을 내쉬면서 반대편으로 회전을 한다. 호흡을 자연스럽게 해준다. 한쪽 면마다 3~5회 호흡을 유지한다.

진행과정 시 조절사항 :

- 스트레칭을 증가시키려면, 측면으로 회전하고 회전을 하는 동안 위쪽의 다리를 펴주어서 엉덩이 앞에 놓이게 한다.
- 양쪽 발을 바닥에서 들어서 한쪽으로 회전한다. 바닥에서 든 상태로 유지하고 반대편으로 가면서도 든 상태를 유지한다.

명상 : 이 회전 스트레칭은 기분이 좋아진다, 그래서 재미있게 즐겨본다.

엉덩이 이완 자세 (Hip Releases)

긴장된 골반은 동작의 범위를 제한하여 거의 모든 동작과 하체의 움직임을 편안하게 하는데 영향을 준다. 긴장된 골반은 허리에 긴장을 주며 불편함을 유발한다.
골반을 열고 긴장을 이완시키는 것은 이 부위의 에너지를 가져오며 부정적인 느낌과 감정이 쌓여진 것을 풀어줄 수 있다.

낮은 런지 자세 (Low Lunge)

a

b

시작 자세 : 무릎을 꿇은 자세에서 손은 어깨 아래에 놓고 무릎은 골반 아래 놓아 준다(그림 a 참조).

동작 : 한쪽 발을 앞쪽으로 가져가서 런지 자세를 만들고, 무릎 아래에 발을 바닥에 대주고 종아리는 수직으로 만들어준다. 무릎은 다리의 전면 발목 위에 곧게 정렬을 맞추어준다. 뒤쪽의 다리는 펴주거나 무릎을 바닥에 올려놓는다(그림 b 참조).

정렬 : 척추를 길게 유지하며, 머리는 척추 선에 맞추어준다. 뒤쪽의 무릎을 바닥에서 들어 올릴 때, 앞쪽 허벅지 근육을 수축시켜 무릎 관절을 지탱한다.

호흡 : 숨을 들이 마시면서 준비한다. 숨을 내쉬면서 낮은 런지 자세를 내려준다. 호흡을 자연스럽게 해준다. 한쪽 면마다 3~5회 호흡을 유지한다.

진행과정 시 조절사항 :

- 무릎 아래에 매트를 말아주면 편안해진다.
- 앞발의 안쪽을 손으로 가져가면 스트레칭을 더 깊게 할 수 있다.
- 뒤쪽의 무릎을 바닥까지 내리면 좀 더 쉬워지고 스트레칭이 감소된다.
- 앞쪽의 발을 어깨 바깥쪽으로 벌려주면 내측 허벅지와 고관절 굴곡근이 스트레칭 된다.
- 양팔을 머리 위로 올려주는 것은 몸 전체를 통해 늘어나게 해준다.

명상 : 이 운동은 엉덩이와 다리의 앞쪽에 깊게 늘려준다. 이 스트레치를 통해서 이완을 하기 위해서는 더 많은 시간이 필요하며 느리고 자연스럽게 움직여준다.

런지 자세에서 엉덩이 늘리기 (Dynamic Lunge Hip Rock)

a

b

시작 자세 : 런지 자세에서 앞쪽의 무릎은 다리의 전면에서 발목 위에 곧게 정렬을 맞추어준다(그림 a 참조). 양손은 앞발 양쪽 옆에 놓는다.

동작 : 천천히 엉덩이를 뒤로 움직여 앞쪽 무릎을 똑바로 펴주고 허벅지를 늘려주면서 몸통을 다리 위로 구부려준다(그림 b 참조). 호흡을 멈추고 그런 뒤에 런지 자세를 앞으로 움직여준다. 런지 자세를 유지하고 호흡을 반복해주고, 뒤로 움직여서 햄스트링 근육을 스트레칭 해준다.

정렬 : 엉덩이를 뒤로 움직이며 허리와 햄스트링 근육을 스트레칭을 하는 도중에 장벽이 생기면 척추를 길게 유지해준다. 엉덩이를 들어 올린 상태로 유지하면서, 수직선상에 허벅지를 두어, 햄스트링 근육이 늘어나게 한다.

호흡 : 숨을 들이 마시면서 런지 자세를 한다. 숨을 내쉬면서 뒤로 가면서 햄스트링 근육의 스트레칭의 한계를 늘려준다. 장벽을 앞뒤로 한 측면 당 3~5회 앞뒤로 움직인다.

진행과정 시 조절사항 :

- 무릎 아래에 매트를 말아주면 편안해진다.
- 런지 자세에서 양팔을 머리 위로 올려주는 것은 몸 전체를 늘어나게 해준다.
- 앞쪽의 발을 어깨 바깥쪽으로 벌려주면 내측 허벅지와 고관절 굴곡근이 스트레칭 된다.

명상 : 호흡과 움직임 사이의 리듬을 만들어보고, 흡기와 호기를 충분하게 하는 것은 한 자세에서 다른 자세로 가는 것을 도와준다.

비둘기 자세 (Pigeon)

a

b

시작 자세 : 무릎을 꿇은 자세에서 손은 어깨 아래에 놓고 무릎은 골반 아래 놓는다(그림 a 참조).

동작 : 한쪽 무릎을 가슴 방향 앞쪽으로 가져가서, 발을 반대편 엉덩이 주름 앞에 놓아주며, 그리고 엉덩이를 바깥으로 돌려서 골반을 열린 상태로 만들고 다리를 바닥에 놓는다. 반대편 다리를 뒤로 곧게 펴주어 엉덩이를 바닥으로 내려준다. 양손은 앞발 양쪽 옆에 올려놓고 몸을 지탱해준다(그림 b 참조).

정렬 : 골반의 뒷부분이 수평을 유지한다. 구부려진 무릎 쪽이 한쪽으로 말리지 않게 해준다. 이것은 무릎에 과도한 부담을 준다.

호흡 : 숨을 들이 마시면서 무릎을 앞으로 가져간다. 숨을 내쉬면서 비둘기 자세를 내려준다. 호흡을 자연스럽게 유지한다.

진행과정 시 조절사항 :

- 비둘기 자세를 지탱해주기 위해서, 팔뚝을 바닥에 가져간다.
- 엉덩이가 한쪽으로 기울어지면, 구부린 무릎 위의 엉덩이 아래쪽에 블록을 놓는다.
- 무릎에 통증이나 불쾌감을 유발되면, 이 운동은 하지 않는다.

명상 : 엉덩이 심부에서 스트레칭을 느껴본다. 자기 인식과 자신에 대한 신뢰를 연습해 본다. 이 운동으로 잠재적인 이득보다 불편함이 더 많이 발생한다면, 이 운동을 하지 않는다. 가장 중요한 것은, 당신의 결정에 긍정하는 것이다. 이것을 염두해 둔다.

나비 자세 (Seated Butterfly)

a

b

시작 자세 : 무릎을 굽히고 발로 바닥을 딛고 앉은 자세에서 시작한다. 치골의 중앙에 앉아 머리의 정수리에서부터 척추를 통해 자세를 들어 올린다(그림 a 참조).

동작 : 키가 큰 앉은 자세로 유지하고, 엉덩이를 바깥쪽으로 열고, 무릎을 움직여서 열린 자세로 만들고, 발목에 손을 놓는다. 발뒤꿈치를 서로 붙여준다(그림 b 참조).

정렬 : 두 발의 발뒤꿈치를 서로 붙여준다. 다리는 치골의 중앙에 있으며 벌려준다.

호흡 : 숨을 들이 마시면서 길게 앉는다. 숨을 내쉬면서 다리를 엽니다. 호흡을 자연스럽게 한다. 한쪽 면마다 3~5회 호흡을 유지한다.

진행과정 시 조절사항 :

- 앞으로 기울이거나 팔로 허벅지를 부드럽게 눌러 좀 더 깊게 스트레칭을 일어나게 한다.
- 매트를 말아주거나 요가 블록에 앉으면 엉덩이를 올려주어 편하게 해준다.

명상 : 당신은 엉덩이 또는 등에서 운동을 느낄 수 있다. 어느 곳이 가장 긴장되는지 관찰해본다. 의식적으로 스트레칭을 하여 이완해준다.

누운 자세에서 햄스트링 스트레칭하기 (Reclining Hamstring Stretch)

a

b

시작 자세 : 등으로 누운 자세에서 한쪽 다리를 가슴 쪽에서 껴안고 다른 쪽의 다리는 바닥에 대고 곧게 똑바로 펴준다. 발목이 구부러지고 발끝이 위를 향하게 한다(그림 a 참조).

동작 : 구부러진 다리의 뒷부분을 잡고 유지하고 다리를 펴서 위쪽으로 올려주는데 반대쪽 다리를 구부리지 않고 당신이 할 수 있는 최대로 올려준다. 반대쪽 다리를 구부리지 않고 유연성을 발휘한다(그림 b 참조). 들어 올린 다리의 뒤꿈치를 위로 눌러준다.

정렬 : 이상적으로는, 두 다리가 곧게 펴진다. 그러나, 당신의 햄스트링 근육의 긴장이 있다면, 다리를 바닥에 대고 무릎을 구부려준다. 어깨와 어깨뼈는 계속 바닥에 놓는다. 목과 어깨에 긴장이 생기지 않게 한다.

호흡 : 숨을 들이 마시면서 가슴 앞에서 다리를 안아준다. 숨을 내쉬면서 다리를 스트레칭 하면서 펴준다. 호흡을 자연스럽게 한다. 한쪽 면마다 5~10회 호흡을 유지한다.

진행과정 시 조절사항 :

- 발 주위에 요가 벨트를 사용하면 스트레칭을 할 때 다리를 펴는 것을 좀 더 편하게 해준다.
- 다양성을 위해서는 역동적으로 리듬을 조절하며 다리를 구부렸다가 곧게 펴준다.

명상 : 이 스트레치 동안 목과 어깨를 긴장시키는 것은 일반적이다. 이 부위의 이완에 주의를 기울인다. 얼굴에 부드러운 미소를 짓는다.

누운 자세에서 내전근 스트레칭하기 (Reclinging Adductor Stretch)

a

b

시작 자세 : 등을 대고 누운 자세에서 한쪽 다리를 위로 똑바로 세우고 다른 한쪽 다리는 바닥에 곧게 펴준다. 발목이 구부러지고 발가락이 위로 향하게 한다(그림 a 참조).

동작 : 들어 올린 다리의 안쪽을 잡고; 다리를 편 상태를 유지하고 바깥 방향으로 가져간다 (그림 b 참조).

정렬 : 이상적으로는, 두 다리가 곧게 펴진다. 그러나, 햄스트링 근육의 긴장이 있다면, 다리를 바닥에 대고 무릎을 구부려준다. 반대편 다리는 바닥 위에 곧게 편 상태를 유지한다. 어깨와 골반의 뒷부분은 계속 바닥에 놓는다. 목과 어깨에 긴장이 생기지 않게 한다.

호흡 : 숨을 들이 마시면서 몸의 시작 자세를 만들어준다. 숨을 내쉬면서 다리를 한 쪽으로 움직여준다. 호흡을 자연스럽게 한다. 한쪽 면마다 5~10회 호흡을 유지한다.

진행과정 시 조절사항 :

- 발 주위에 요가 벨트를 사용하면 스트레칭을 할 때 다리를 펴는 것을 좀 더 편하게 해준다.
- 다양성을 위해, 다리를 밖으로나 안쪽으로 움직일 때 리듬을 조절한다.

명상 : 신체 부위에 주의를 기울이는데 스트레칭되지 않는 신체의 측면과 같은 바닥에 닿는 신체 부위에 주의를 기울인다. 발뒤꿈치, 종아리 근육, 엉덩이, 어깨뼈, 머리는 바닥에 접촉을 유지한다.

누운 자세 외전근 벌림근 스트레칭 (Reclinging Abductor Stretch)

a

b

시작 자세 : 등을 대고 누운 자세에서 한쪽 다리를 위로 똑바로 세우고 다른 한쪽 다리는 바닥에 곧게 펴준다(그림 a 참조). 발목이 구부러져 있다.

동작 : 다리를 똑바로 유지하고, 엉덩이를 바닥에서 들지 않고 몸을 가로질러 다리를 가져간다. 다리는 몸의 중앙선을 가로지르게 한다(그림 b 참조).

정렬 : 이상적으로는, 두 다리가 곧게 펴진다. 그러나, 햄스트링 근육의 긴장이 있다면, 다리를 바닥에 대고 무릎을 구부려준다. 반대편 다리는 바닥 위에 곧게 편 상태를 유지한다. 어깨와 골반의 뒷부분은 계속 바닥에 놓는다. 목과 어깨에 긴장이 생기지 않게 한다.

호흡 : 숨을 들이 마시면서 몸의 시작 자세를 만들어준다. 숨을 내쉬면서 다리를 한 쪽으로 움직여준다. 호흡을 자연스럽게 한다. 한쪽 면마다 5~10회 호흡을 유지한다.

진행과정 시 조절사항 :

- 스트레치 강도를 줄이려면 무릎을 구부려주고 다리를 가로질러 반대편으로 보내준다.
- 엉덩이의 이완을 좀 더 깊숙이 하려면, 통제된 리듬 속에서 몸을 가로질러 다리를 뒤쪽 바깥으로 움직여준다.

명상 : 이 스트레칭은 고관절의 깊숙한 곳까지 된다. 감각이 느껴지는 부분에 당신의 시간을 집중한다. 어디에 긴장이 있고 그 타이트한 곳으로 호흡이 들어가는지를 느끼는데 당신의 시간을 사용해서 바라본다.

이상근 스트레칭 자세 (Reclinging Figure-4)

시작 자세 : 등을 대고 누운 자세에서 무릎을 구부리고 바닥위에 발을 올려놓는다.

동작 : 한 발을 가로질러 다른 쪽 허벅지에 올려준다. 발목의 발을 구부리고 골반을 바깥으로 돌려준다. 반대편 다리를 가슴 쪽으로 올려준다(그림 참조).

정렬 : 바닥 위에 엉덩이를 놓고 유지하고 목과 어깨에 긴장을 피한다.

호흡 : 숨을 들이 마시면서 몸의 시작 자세를 만들어준다. 숨을 내쉬면서 스트레치 해준다. 호흡을 자연스럽게 한다. 한쪽 면마다 5~10회 호흡을 유지한다.

진행과정 시 조절사항 :

- 스트레치의 강도를 줄이려면, 한 발을 바닥에 둔다.
- 엉덩이의 움직임에 집중하려면, 엉덩이를 작은 원으로 양방향으로 움직여준다.

명상 : 호흡을 하며 엉덩이와 허리가 편안하게 이완되는 것을 느끼는데 시간을 써본다.

가슴 이완 자세 (Chest Releases)

대부분의 사람들은 어깨와 가슴 앞쪽이 긴장되어 있는데 컴퓨터 작업을 하거나 운전으로 장시간 앉아서 있기 때문이고 나쁜 자세가 된다. 이번 장의 가슴을 이완해주는 운동은 어느 때나 어디서나 할 수 있다. 당신이 일을 하는 도중이나 휴식을 취할 때, 오랜 기간 동안 앉아 있을 때 특히 효과적이다.

등 신전 자세로 지지하기 (Supported Back Extension)

시작 자세 : 엎드린 자세에서 양 팔뚝을 어깨 옆의 바닥에 놓는데 손바닥이 아래를 향하게 한다. 다리는 곧게 뒤로 펴주며, 엉덩이와 거리를 두고, 발끝을 바닥에 내려 놓는다.

동작 : 복부 벽을 척추 쪽으로 들어 올리고 대퇴사두근을 수축시켜서 슬개골을 바닥에서 들어 올린다. 양 어깨를 뒤로 돌려주고, 견갑골을 등의 아래로 당겨서 가슴을 바닥에서 들어 올려 준다(그림 참조). 양팔은 부드럽게 위쪽으로 누른다. 가슴을 허리가 편안해질 만큼의 높이로 들어 올린다. 만약 허리가 압박되는 느낌이 든다면, 상체 위치를 낮추어준다.

정렬 : 머리를 척추의 자연스러운 커브의 선상에 놓는다. 머리를 숙이거나 등을 과도하게 뒤로 젖히지 않는다.

호흡 : 숨을 내쉬면서 대퇴사두근을 수축시켜서 슬개골(무릎뼈)을 들어 올려주며 코어 근육을 수축한다. 숨을 들이 마시면서 가슴을 들어준다. 호흡을 자연스럽게 한다. 한쪽 면마다 3~5회 호흡을 유지한다.

진행과정 시 조절사항 :

- 숨을 들이 마시면서 신전상태로 들어 올리고 숨을 내쉬면서 아래로 내려주는 과정을 리듬에 맞춰 느리게 해본다.
- 등의 상부는 가슴을 늘려주는 것만큼 강해지고, 손가락을 발쪽으로 뻗어서 등의 신전상태를 들어줄 수 있다.

명상 : 뒤를 펴주기보다는 가슴을 열어주는 것에 중점을 둔다. 흉골을 앞으로 움직이고 가슴을 들어 올려서 몸의 앞부분에 공간이 생기는 것을 상상해본다.

소 머리 자세 (Seated Cow Face Pose)

시작 자세 : 치골을 중심으로 다리를 교차해서 앉는다. 척추에서부터 머리 끝까지 들어 올린다.

동작 : 키가 큰 앉은 자세에서, 한 팔을 머리 위로 올려준다. 팔꿈치를 구부려서 견갑골에 손바닥을 가져간다. 반대쪽 팔을 등 뒤로 뻗어서 팔꿈치를 굽혀서 반대편의 손 쪽으로 뻗어준다(그림 참조). 등 뒤에서 손을 잡는다.

정렬 : 길게 앉은 자리를 유지하면서 팔을 늘려준다. 턱을 살짝 당겨주고 팔로부터 머리를 뒤로 눌러주어 좋은 정렬을 유지한다.

호흡 : 숨을 들이 마시면서 공간 속에 팔을 가져간다. 숨을 내쉬면서 가슴을 열어주고 좀 더 심도있게 늘려준다. 호흡을 자연스럽게 한다. 한쪽 면마다 5~10회 호흡을 유지한다.

진행과정 시 조절사항 :

- 스트레치의 강도를 줄이려면 한 팔을 머리 뒤로 놓고 반대쪽 팔을 사용하여 팔꿈치를 잡고 팔을 당겨주어 스트레칭을 한다.
- 일어선 자세에서 이 운동을 하면 운동 범위를 좀 더 쉽게 달성할 수 있다.
- 편안함을 위해 요가 블록에 앉으면 엉덩이가 다리를 교차하여 앉은 자세에 좀 더 운동성을 갖게 된다.

명상 : 목과 어깨를 통해 긴장을 풀어준다.

동적 4점 스트레칭하기 (Dynamic Four-Point Stretch)

a

b

c

d

시작 자세 : 길게 선 자세로 선다. 가슴 앞에서 팔을 뻗어주고, 동시에 등 상부를 둥그렇게 말아준다(그림 참조).

동작 : 어깨에서 팔을 곧게 편 상태로 바깥으로 움직여주는데 등의 상부를 약간 펴준다(그림 b 참조). 머리 뒤로 손을 가져오고, 팔꿈치를 들어 올려주면서 뒤로 가져간다(그림 c 참조). 팔을 아래로 스쳐지나 엉덩이 뒤에서 깍지를 껴준다(그림 d 참조).

정렬 : 다리와 엉덩이를 통해서 길게 선 자세를 유지한다. 팔이 움직이는 동안 상체가 자유롭게 움직일 수 있게 한다.

호흡 : 숨을 내쉬면서 팔을 앞으로 가져간다. 숨을 들이 마시면서 팔을 바깥으로 펴준다. 숨을 내쉬면서 팔을 머리 뒤로 가져간다. 숨을 들이 마시면서 등 뒤로 팔을 가져간다. 이 과정을 3~5회 반복해준다.

진행과정 시 조절사항 :

- 통증없는 운동 범위에서 팔을 움직인다.
- 차분한 느낌을 더 해주기 위해서는 각 팔의 동작에서 다음 동작으로 가기 전에 몇 번의 호흡을 하면서 자세를 유지해준다.

명상 : 은총과 자유로운 마음으로 움직인다.

옆으로 구부리기 자세 (Side Bends)

옆으로 구부리기 자세는 몸의 바깥쪽 선을 통하여 긴장을 이완시킨다. 이 운동은 척추 건강에 전반적으로 중요하지만 자주 잊게 되는 동작이다. 이번 운동들은 등의 긴장을 이완시켜주는 것을 도와주고 척추의 운동성을 유지시켜 준다.

앉아서 옆 구부리기 자세 (Seated Side Bend)

시작 자세 : 치골을 중심으로 다리를 교차해서 앉는다. 척추를 통해서 머리끝까지 들어 올린다.

동작 : 막대 자세를 유지하면서 한 팔을 머리위로 올려준다. 몸통을 통해 옆쪽으로 구부리며 팔을 옆쪽으로 뻗어서 유지한다(그림 참조). 반대편도 역동적으로 광범위하게 팔을 반대편으로 넘길 수 있을 만큼 반복해서 해준다.

정렬 : 엉덩이가 양쪽이 똑같이 무게가 실리는 것을 유지한다. 앞쪽으로 구부리지 않는다.

호흡 : 숨을 들이마시면서 팔을 머리 위로 가져간다. 숨을 내쉬면서 옆으로 구부린다. 숨을 들이 마시면서 가운데로 돌아온다. 숨을 내쉬면서 반대편으로 구부린다. 3~5회 반복해준다.

진행과정 시 조절사항 :

- 다리를 교차하여 앉았을 때 불편하면 다리 위치를 변경해준다.
- 요가 블록에 앉는 것은 편안함을 제공한다.
- 앉은 자세에서 허리에 긴장이 발생한다면, 일어서서 이 운동을 수행한다.

명상 : 당신의 상체가 두 개의 유리창 사이를 움직이고 있다고 상상해본다.

무릎 꿇은 자세에서 옆으로 구부리기 (Kneeling Side Bend)

a

b

시작 자세 : 양쪽 무릎을 꿇은 자세에서 시작한다. 한쪽 다리를 밖으로 벌려준다. 무릎과 발가락이 위를 향하게 한다. 상체를 똑바로 세워준다(그림 a 참조).

동작 : 자세를 길게 유지하고, 반대쪽 팔을 머리 위로 곧게 펴준 다리 쪽으로 구부려준다(그림 b 참조). 반대쪽 팔을 뻗어서 반대 방향으로 쓸어주듯이 해준다. 한쪽 면에서 다른 쪽 면으로 역동적으로 조절해주면서 실시한다. 한쪽 면에서 반복을 마친 후 반대편도 반복해준다.

정렬 : 엉덩이 높이를 일정하게 유지한다. 앞으로 구부리지 않는다. 운동을 하는 동안 무릎은 펴주고 발은 위쪽을 향하게 한다.

호흡 : 숨을 들이마시면서 팔을 머리 위로 가져간다. 숨을 내쉬면서 옆으로 구부린다. 숨을 들이 마시면서 가운데로 돌아온다. 숨을 내쉬면서 반대편으로 구부린다. 3~5회 반복해준다.

진행과정 시 조절사항 :

- 요가 블록에 앉는 것은 편안함을 제공한다.
- 스트레칭으로 엉덩이 부분이 불편하다면 무릎 꿇은 자세로 양쪽 무릎을 구부려준다.

명상 : 부드러운 흐름을 만들기 위해 호흡과 움직임을 연결해본다.

이완 운동 (Soothing Exercises)

몸을 진정시키는 운동은 심장 박동을 낮춤으로써 혈압을 낮추고 호흡을 느리게 해준다. 이 운동들을 에너지를 회복할 필요가 있다고 느껴지거나 마음을 진정시키야 할 때 언제든지 연습해준다.

아기 자세 (Child's Pose)

시작 자세 : 무릎을 어깨 너비만큼 벌린 상태에서 무릎을 꿇고 양발의 안쪽 가장자리를 모아준다.

동작 : 어깨 너비만큼 앞으로 팔을 뻗어준다. 발뒤꿈치에 엉덩이의 뒷부분이 닿게 앉고, 갈비뼈를 허벅지 안쪽으로 가져간다. 팔은 곧게 편 상태를 유지하고 가슴을 바닥으로 내려준다(그림 참조).

정렬 : 양팔은 펴주는데 어깨의 긴장없이 팔꿈치를 바닥에서 들어 올려준다.
척추는 엉덩이에서 머리까지 부드럽고 편안한 곡선을 이루게 한다.

호흡 : 숨을 들이 마시면서 운동을 시작한다. 숨을 내쉬면서 아래로 내리며 스트레칭을 해준다.
5~10회 심호흡을 유지한다.

진행과정 시 조절사항 :

- 무릎 아래에 말아놓은 매트를 받쳐주면 좀 더 편안하게 해준다.
- 손바닥을 위로 향하게 해서 팔을 몸 쪽으로 가져오면 좀 더 편안한 자세로 할 수 있다.
- 이마 아래에 요가 블록을 놓고 목 뒤쪽의 긴장을 줄여줄 수 있다.

명상 : 심박수를 낮추고 신체를 진정시키기 위해 깊고 느린 호흡 리듬에 집중한다.
부드럽게 흉곽이 확장되는 움직임을 감지하고 각각의 호흡에 맞추어서 수축한다.

잔잔한 호수 자세 (Calm Lake)

시작 자세 : 등을 대고 바로 누운 뒤에 무릎을 구부린 후 두 다리를 가슴 쪽으로 올려준다. 몸 옆에 팔을 둔 채 편안한 자세로 손바닥을 위로 향하게 한다.

동작 : 두 팔로 종아리를 감싸주고 무릎을 구부린 후 가슴을 향해 부드럽게 당긴다(그림 참조).

정렬 : 양쪽 어깨와 견갑골을 바닥에 닿게 하고 목은 이완시켜 준다.

호흡 : 숨을 들이 마시면서 무릎을 가슴으로 당겨준다. 숨을 내쉬면서 스트레칭을 한다. 5~10회 깊은 호흡을 유지한다.

진행과정 시 조절사항 :

- 다리를 벽에 올려놓고 좀 더 편안하게 할 수 있다.
- 다리 주위에 요가 벨트를 감싸주어 다리 근육의 활동을 감소시켜주며 이완을 증가시켜준다.
- 무릎을 가슴 쪽으로 구부리면 좀 더 쉽게 할 수 있다.

명상 : 눈을 감고 자신의 내면세계와 몸의 감각에 초점을 맞추어 주면서, 내면을 생각한다. 고요한 호수를 상상하면서 내 마음과 몸이 이 곳에 있다고 상상한다.

누운 자세에서 무릎 구부려 스트레칭하기 (Reclining Knee-Hug Stretch)

시작 자세 : 등을 대고 바로 누운 자세에서 양쪽 무릎을 가슴 쪽으로 당긴다. 몸 옆에 팔을 둔 채 편안한 자세로 손바닥을 위로 향하게 한다.

동작 : 양팔로 종아리 주위를 감싸주고 가슴 쪽으로 당긴다(그림 참조).

정렬 : 어깨와 어깨뼈는 바닥에 대고 목은 이완시켜 준다.

호흡 : 숨을 들이 마시면서 가슴 쪽으로 무릎을 안아준다. 숨을 내쉬면서 이완한다. 호흡은 자연스럽게 해주면서 5~10회 심호흡을 유지한다.

진행과정 시 조절사항 :

- 허리를 마사지하기 위해서 무릎을 안팎으로 흔들어 줄 수 있다.
- 엉덩이를 좌우로 굴려 등쪽의 긴장을 풀어준다.

명상 : 허리에 초점을 맞추고 각 호흡을 통해서 긴장을 풀어준다.

누운 자세에서 한쪽 무릎 구부려 스트레칭하기(Reclining Single-Leg Hug Stretch)

시작 자세 : 등을 대고 바로 누운 자세에서 한쪽 무릎을 가슴 쪽으로 당긴다.
다른 다리는 똑바로 바닥에 두고 곧게 펴준다.

동작 : 허벅지의 뒤쪽 주위에 팔을 감싸주고 가슴에 가까워지도록 부드럽게 무릎을 당긴다 (그림 참조).

정렬 : 바닥에 닿은 다리를 곧게 펴주고 머리에서 직선의 뒤꿈치까지 일직선이 되게 몸을 유지한다.

호흡 : 숨을 들이 마시면서 무릎을 가슴으로 당겨준다. 숨을 내쉬면서 이완시켜준다. 긴장을 푼다.
호흡은 자연스럽게 해주면서 5~10회 호흡을 유지한다.

진행과정 시 조절사항 :

- 엉덩이의 이동성을 높이려면, 무릎에 위 손을 대고 구부린 무릎으로 한 방향과 반대 방향으로 원을 그려준다.
- 허리가 불편하면 다리를 곧게 펴서 구부려주는데 바닥에 발을 올려 놓는다.

명상 : 호흡의 리듬에 중점을 둔다. 숨을 들이 마시면서 천천히 편안하게 이완하고 길게 숨을 내쉰다.

누운 나비 자세 (Reclining Butterfly)

시작 자세 : 등을 대고 바로 누운 자세에서 양쪽 무릎을 가슴 쪽으로 당긴다.
몸 옆에 팔을 둔 편안한 자세로 손바닥을 위로 향하게 한다.

동작 : 양 무릎을 바깥쪽으로 벌려 고관절(엉덩관절)을 열어 주며 바닥에 올려놓은 발바닥을 붙여준다(그림 참조).

정렬 : 엉덩이, 어깨, 어깨뼈를 바닥에 붙이고, 양다리는 벌려준다. 목은 이완한다.

호흡 : 숨을 들이 마시면서 무릎을 구부린다. 숨을 내쉬면서 무릎을 벌려 주고 스트레칭하면서 이완한다. 호흡을 자연스럽게 해준다. 5~10회 심호흡을 유지한다.

진행과정 시 조절사항 :

- 양쪽 무릎 아래에 요가 블록을 놓아 다리를 지지해주면 좀 더 깊숙이 스트레칭 할 수 있다.
- 양 뒤꿈치를 허리와 엉덩이에 더 가깝게 잡아당기면 더 많은 엉덩이를 스트레칭 할 수 있다.

명상 : 느리고 깊게 호흡을 하며, 평화로운 상태에서 에너지가 축적되는 것을 느낄 수 있다.

행복한 아기 자세 (Happy Baby)

시작 자세 : 등을 대고 누운 자세에서 무릎을 가슴쪽으로 구부리고 양손으로 발의 안쪽을 잡아준다.

동작 : 고관절을 열어주고 양 무릎을 외측과 어깨 방향으로 아래로 내려 준다(그림 참조).

정렬 : 어깨와 견갑골을 바닥에 붙이고 다리를 벌려준다. 목을 이완한다.

호흡 : 숨을 들이마시면서 무릎을 구부려 준다. 숨을 내쉬면서 다리를 당겨주며 스트레칭한다. 호흡을 자연스럽게 한다. 5~10회 심호흡을 기다린다.

진행과정 시 조절사항 :

- 허리를 늘려주고 이완시켜 주기 위해 양쪽으로 흔들어줄 수 있다.
- 몸의 한쪽 면을 더 깊게 늘려 주려면, 다른 쪽 발을 바닥에 붙인 상태에서 한쪽 다리를 당겨주며 고관절을 열어준다. 반대편도 반복해준다.

명상 : 당신이 세상의 보살핌이 없는 아이였을 때를 기억해 본다; 그 때의 기억으로 풀어준다.

휴식 자세 (Resting Pose)

시작 자세 : 등을 대고 누운 자세에서 양다리는 펴주고 양 팔은 몸 옆에 두고 손바닥을 위로 향하게 한다.

동작 : 엉덩이와 허리의 근육을 이완시켜 주고, 양다리가 자연스럽게 외측으로 돌아가게 한다(그림 참조). 엉덩이, 어깨, 견갑골을 뒤쪽은 바닥에 붙이고 목은 이완한다.

정렬 : 척추는 머리에서 발가락까지 중립적인 정렬을 유지한다.

호흡 : 숨을 들이마시면서 가슴을 열어준다. 숨을 내쉬면서 이완한다. 10~20회 호흡을 유지하고, 시간을 더 늘려 주거나 편안한 자세로 5~10분 그대로 유지한다.

진행과정 시 조절사항 :

- 허리의 긴장을 줄이려면, 무릎을 구부린 후 안쪽 허벅지를 붙이고 좌우로 기울여준다.
- 등이 불편하다면 무릎을 편안하게 구부리고 눕는다.
- 등의 긴장감을 줄이기 위해 무릎 아래에 말아놓은 타올을 놓는다.

명상 : 마음과 몸을 완전히 이완시켜 준다. 모든 근육의 힘을 내려놓고(모든 근육의 힘을 빼고) 중력에 몸을 맡긴다. 마음뿐 아니라 몸도 최대한 편안하게 해준다. 생각이 떠오르면 잡지 말고 흘러가게 둔다. 마음을 깨끗이 하고 평화를 찾는다. 해야 할 일의 목록은 지금의 중요한 휴식 자세 이후에 해도 좋다.

퓨전 워크아웃 시스템

(Fusion Workout System)

운동 강도에 따라

운동 운영시간에 따라

신체의 부위별 훈련 목표에 따라

다양한 대상자에 따라

운동 루틴을 반복하는 것에 지루하지 않는다. 다음 장에서는 퓨전 운동 시스템의 다양성을 볼 수 있다. 하루 15회의 샘플 운동 중에서 선택하여 완벽한 운동을 찾는다.

퓨전 운동 시스템은 끊임없이 변화하는 요구를 충족시키도록 설계되었으며 운동 목적 및 운동 시간에 따라 쉽게 조정할 수 있다. 다음 장에서는 체력 수준, 시간, 훈련 목적 및 선호 활동을 기준으로 한 샘플 운동을 설명한다. 운동에 익숙해지면 운동을 추가하고 반복 횟수 또는 시간을 변경하고 4~7장의 퓨전 운동 라이브러리에서 운동의 다른 변형을 선택하여 운동을 조정할 수 있다.

이 책에서 운동을 사용하거나 부록 A에 있는 퓨전 운동 시스템과 템플릿을 따르고 퓨전 운동 연습 장의 각 운동 범주에서 운동을 선택하여 자신 만의 독특한 운동을 디자인한다.

8

퓨전 워크아웃

(Fusion Workouts)

운동 강도에 따라

이 장의 퓨전 워크아웃은 강도에 기반을 두고 있다. 각 레벨에서 연습, 기간 및 반복 횟수가 점차적으로 더 어려워진다. 각 레벨은 반복 횟수를 늘리거나 운동 시간을 길게 하여 점차적으로 다음 단계로 진행될 수 있다. 각각의 운동을 하기 전에 기술 제안에 대한 이전 장과 진행 및 수정을 참조하여 기억을 새롭게 할 수 있다. 4장의 워밍업 운동과 7장의 진정 및 회복 운동은 예열 또는 진정을 위해 사용될 수 있다. 다음 운동 차트에서는 운동 중 어느 단계에서든 이 운동을 볼 수 있다. 참조를 위해 페이지 번호를 참조한다. 3장의 주의 깊은 운동이 샘플 운동에 나타난다.

레벨에 따른 워크아웃의 시작

퓨전 운동을 시작하는 것이 운동을 시작하기에 적합하며 운동을 오래하지 않은 경우 다시 운동하기 좋은 운동이다. 운동을 시작할 때 이 운동을 일주일에 세 번 하고 점차적으로 매일 운동한다. 이 운동이 더 이상 도전적이지 않다고 생각되면 다음 단계로 이동한다.

좀 더 도전적인 운동으로 이동하면서 어려움이 적거나 시간이 부족한 날에도 운동을 계속할 수 있다. 자신의 페이스대로 운동을 진행한다. 피로가 생길 때에는 잠시 쉬어야 한다. 더 많은 운동을 수행할 준비가 되었다고 느껴지면, 보다 도전적인 다양한 운동으로 넘어간다.

의도 : 연습을 마스터하고 자신감을 얻는다. 좋은 자세, 정렬 및 운동 실행에 집중한다. 양보다는 운동의 질에 집중한다.

	운동	페이지	시간이나 반복횟수	운동 추천과 변형
준비 운동 (10분)	**3D 호흡 기법** 	13	1분.	3D호흡법을 사용하면서 정신과 몸에 집중한다.
	강아지 자세 	126	3-5 호흡 동안 동작을 유지.	
	고양이와 소 자세  	30	고양이 자세에서 소 자세로 조절하면서 3-5회 반복.	
	낮은 런지 자세 	135	좌우 각 면을 3-5회 호흡을 유지 하면서 동작을 유지.	마루에서 손을 떼고 수행한다.
자세 변환	**무릎을 꿇을 때, 발쪽으로 뒤로 누르고 무릎을 들어 올리며 무릎을 구부린 상태에서 앞으로 구부린다. 서서히 천천히 말아주면서 일어선다.**			

	운동	페이지	시간이나 반복횟수	운동 추천과 변형
준비 운동 (계속)	**팔을 들어 올린 산 자세** 	42	3-4회 호흡 동안 동작을 유지.	
	태양 경배 자세 	45	3-4회 반복.	
스텐딩 퓨전 운동 (15분)	**스쿼트 자세** 	50	8-12회 반복.	내려가거나 올라올 때의 움직이는 속도는 2-4회를 세어주는 정도로 한다.
	런지 자세 	60	좌우 각 8-12회 반복.	내려가거나 올라올 때의 움직이는 속도는 2-4회를 세어주는 정도로 한다.
	사이드 균형 자세 	72	좌우 3-5회 호흡을 하면서 동작을 유지	

	운동	페이지	시간이나 반복횟수	운동 추천과 변형
	전사 자세 2 (오른쪽) 	66	3-5회 호흡 동안 동작을 유지.	
	역전 전사 자세 (오른쪽) 	68	3-5회 호흡 동안 동작을 유지.	
	전사 자세 2 (왼쪽) 	66	3-5회 호흡 동안 동작을 유지.	
	역전 전사 자세 (왼쪽) 	68	3-5회 호흡 동안 동작을 유지.	
자세 변환	**서서 앞으로 굽히고 발을 뒤로 내밀면서 플랭크 자세를 만들어준다.**			
마루 운동 (15분)	**플랭크 자세에서 와이드 푸시업** 	89	6-12회 반복.	무릎과 발가락에 체중을 지지한다.
	플랭크 자세 	37	3-5회 호흡 동안 동작을 유지.	전완에 체중을 지지한다.

운동	페이지	시간이나 반복횟수	운동 추천과 변형
사이드 플랭크 자세 	90	좌우 3-5회 호흡을 하면서 동작을 유지.	전완으로 체중을 지지한다. 구부린 무릎 또는 직선 다리를 펴고 실시한다.
크로스 테이블 자세 	92	좌우 3-5회 호흡을 하면서 동작을 유지.	팔과 다리 들어 올리기를 교대로 한다.
등을 펴는 자세 	94	3-5회 반복.	바닥에 손을 얹는다. 속도를 조절하면서 들어 올리고 내려준다.
엎드려 엉덩이 신전 자세 	98	3-5회 반복.	속도를 조절하면서 들어 올리고 내린다.
하프 롤 백 	102	3-5회 반복.	지지하기 위해서 허벅지 뒤에 손을 놓아 준다.
V-앉기 자세 (보트 자세) 	104	3-5회 호흡을 하면서 동작을 유지	마루 위에 발을 놓는다.
복부 브레이스 자세 	112	3-5회 반복.	속도를 조절하면서 들어 올리고 내린다.
복부 브레이스 자세에서 다리 들기 	113	3-5회 반복.	속도를 조절하면서 좌우 다리를 들어 올리고 내린다.
브릿지 자세 	118	3-5회 호흡을 하면서 동작을 유지	반복횟수를 늘려주면 운동강도가 증가된다.

	운동	페이지	시간이나 반복횟수	운동 추천과 변형
정리 운동 (10분)	**누운 자세에서 무릎 구부려 스트레칭하기** 	155	5회 호흡을 하면서 동작을 유지.	
	누워서 비틀기 자세 	133	좌우 5회 호흡을 하면서 동작을 유지.	
	발레 스쿼트 자세에서 발 뒤꿈치 들기 자세 	139	좌우 5회 호흡을 하면서 동작을 유지.	좌우 다리 실시.
	그림-4 자세(이상근 스트레칭 자세) 	142	좌우 5회 호흡을 하면서 동작을 유지.	
	잔잔한 호수 자세 	154	5회 호흡을 하면서 동작을 유지.	
	휴식 자세 	159	1~5분 동안 유지.	모든 작업을 잘 지킨 당신 자신을 축하해 줄 시간이다. 당신 스스로에게 휴식을 허락해준다.

진화된 수준의 워크아웃

강도, 균형 및 유연성에 도전할 중간 수준의 운동이다. 이 운동은 당신이 퓨전 운동 방법에서보다 어려운 도전 과제를 시도할 준비가 되었다면 적합하다. 이 수준의 퓨전 운동을 시작하면 다른 요일에 시작 수준의 퓨전 연습을 계속하면서 일주일에 하나씩 추가한다. 운동 능력이 향상되면, 시작 수준 운동을 주당 진화된 운동 수준으로 바꾼다. 이 운동이 쉬울 때 도전 수준의 퓨전 운동으로 이동한다.

의도 : 적절한 기술과 좋은 형태는 운동이 효과적이고 안전한지 여부를 결정한다. 각 운동의 기초에 집중한다. 좋은 정렬로 나머지 동작을 실행할 수 있도록 기초가 잘 뒷받침되어 있는지 확인한다.

	운동	페이지	시간이나 반복횟수	운동 추천과 변형
준비 운동 (10분)	**의자 자세** 	29	호흡 5회 하면서 동작을 유지.	갈비늑골의 뒤쪽을 넓혀주는 것에 초점을 맞추면서 3D 호흡법을 해준다.
	고양이와 소 자세  	30	3~5회 반복.	고양이 자세에서 소 자세로 페이스를 조절하면서 움직인다.
	햄스트링 이완을 위한 런지  	34	좌우 3~5회 반복	마루에 손을 짚고 슬괵근을 박자를 조절하면서 스트레칭한다.
	플랭크 자세 	37	호흡 3~5회 하는 동안 동작을 유지.	구부러진 무릎이나 발가락에 체중을 지탱한다.
	아래로 향한 개 자세 	38	호흡 3~5회 하는 동안 동작을 유지.	아기 자세로 선택적으로 대체할 수 있다.

	운동	페이지	시간이나 반복횟수	운동 추천과 변형
자세 변환	선 자세에서 몸을 앞으로 구부릴 때 서 있는 발 앞에 손을 놓는다.			
준비 운동 (계속)	**팔을 들어 올린 산 자세** 	42	3~4회 반복.	
	퓨전 태양 경배 자세 2 	46	3~4회 반복.	
스텐딩 퓨전 운동 (15분)	**태양 경배 자세** 	50	8~12회 반복.	2~4를 세는 정도의 리듬으로 움직이면서 몸을 낮추거나 세운다.
	의자 자세 	54	5초간 호흡 동안 동작을 유지.	
	런지 자세 (오른쪽) 	60	5~8회 반복.	2~4를 세는 정도의 리듬으로 움직이면서 몸을 낮추거나 세운다.

운동	페이지	시간이나 반복횟수	운동 추천과 변형
초승달 런지 자세 (오른쪽) 	64	3~5초간 호흡 동안 동작을 유지.	
전사 자세 2 (오른쪽) 	66	3~5초간 호흡 동안 동작을 유지.	
역전 전사 자세 (오른쪽) 	68	3~5초간 호흡 동안 동작을 유지.	
측면을 뻗는 삼각 자세 (오른쪽) 	70	3~5초간 호흡 동안 동작을 유지.	
런지 자세 (왼쪽) 	60	5~8회 반복	2~4를 세는 정도의 리듬으로 움직이면서 몸을 낮추거나 세운다.

운동	페이지	시간이나 반복횟수	운동 추천과 변형
초승달 런지 자세 (왼쪽) 	64	3~5초간 호흡 동안 동작을 유지.	
전사 자세 2 (왼쪽) 	66	3~5초간 호흡 동안 동작을 유지.	
역전 전사 자세 (왼쪽) 	68	3~5초간 호흡 동안 동작을 유지.	
측면을 뻗는 삼각 자세 (왼쪽) 	70	3~5초간 호흡 동안 동작을 유지.	
한발 서기 균형 자세 (오른쪽) 	72	3~5초간 호흡 동안 동작을 유지.	

	운동	페이지	시간이나 반복횟수	운동 추천과 변형
	옆으로 구부리기 자세 (왼쪽) 	74	3~5초간 호흡 동안 동작을 유지.	
	한발 서기 균형 자세 (왼쪽) 	72	3~5초간 호흡 동안 동작을 유지.	
	사이드 균형 자세 (오른쪽) 	71	3~5초간 호흡 동안 동작을 유지.	
자세 변환	**앞으로 구부려 네발서기에서 발을 뒤로 빼주면서 플랭크 자세**			
마루 운동 (20분)	**플랭크 자세** 	37	3~5초간 호흡 동안 동작을 유지.	
	플랭크 자세에서 다리 들어 올리기 	83	좌우 5회 반복.	오른 쪽에서 왼쪽으로 교대로 다리를 들어 올린다.
	플랭크 자세에서 푸시업 	88	5~10회 반복.	몸무게를 무릎이나 발가락에 지탱한다.

운동	페이지	시간이나 반복횟수	운동 추천과 변형
사이드 플랭크 자세 	90	좌우 5회 호흡을 하면서 동작을 유지.	손이나 전완으로 체중을 지탱한다.
크로스 테이블 자세 (오른쪽) 	92	3~5초간 호흡 동안 동작을 유지.	팔과 다리를 교대로 들어준다.
크로스 테이블 자세 (오른쪽) 	92	3~5초간 호흡 동안 동작을 유지.	좌우 각 측면의 팔과 다리를 교대로 들어준다.
크로스 테이블 자세 (왼쪽) 	92	3~5초간 호흡 동안 동작을 유지.	좌우 각 측면의 팔과 다리를 교대로 들어준다.
크로스 테이블 자세 (왼쪽) 	92	3~5초간 호흡 동안 동작을 유지.	좌우 각 측면의 팔과 다리를 교대로 들어준다.
등을 펴는 자세 	94	3~5회 반복.	양손을 머리 앞부분에 둔다. 박자에 맞춰서 들어 주고 내려준다.
엎드려 엉덩이 신전 자세 	98	3~5회 반복.	박자에 맞춰서 들어 주고 내려준다.
하프 롤 백  	102	3~5회 반복.	좌우 각 방향으로 비스듬하게 뒤로 절반정도 말아준다.
V-앉기 자세 (보트 자세)  	104	3~5초간 호흡 동안 동작을 유지.	마루에 발을 붙인채로 유지한다.

	운동	페이지	시간이나 반복횟수	운동 추천과 변형
	역 테이블 자세 	105	3~5초간 호흡 동안 동작을 유지.	무릎을 구부리고 수행.
	옆으로 누운 자세에서 다리 들기 	107	좌우 5~10회 반복.	
	복부 브레이스 자세 	112	3~5회 반복.	양손을 머리 뒤에 둔다. 박자에 맞추어서 올리거나 내려준다.
	한 다리 스트레칭 자세 	116	좌우 5~10회 반복.	좌우 다리를 교대로 해준다.
	브릿지 자세에서 다리들기  	119	3~5초간 호흡 동안 동작을 유지.	무릎을 구부리거나 편 채로 수행한다.
정리 운동 (10분)	**누운 자세에서 한 무릎 구부려 스트레칭하기 (오른쪽)** 	156	5회 호흡을 하면서 동작을 유지.	
	누워서 비틀기 자세 (오른쪽) 	133	5회 호흡을 하면서 동작을 유지.	한 다리로 수행한다.
	누운 자세에서 무릎 구부려 스트레칭하기 (오른쪽) 	139	5회 호흡을 하면서 동작을 유지.	

진화된 수준의 워크아웃 > 계속

운동	페이지	시간이나 반복횟수	운동 추천과 변형
그림-4 자세(이상근 스트레칭 자세) (오른쪽) 	142	5회 호흡을 하면서 동작을 유지.	
누운 자세에서 한 무릎 구부려 스트레칭하기 (왼쪽) 	156	5회 호흡을 하면서 동작을 유지.	
누워서 비틀기 자세 (왼쪽) 	133	5회 호흡을 하면서 동작을 유지.	한 다리로 수행한다.
누운 자세에서 무릎 구부려 스트레칭하기 (왼쪽) 	139	5회 호흡을 하면서 동작을 유지.	
그림-4 자세(이상근 스트레칭 자세) (왼쪽) 	142	5회 호흡을 하면서 동작을 유지.	
행복한 아기 자세 	158	3~5회 호흡을 하면서 동작을 유지.	
잔잔한 호수 자세 	154	5회 호흡을 하면서 동작을 유지.	
점진적인 이완 		몸 전체를 통하여 한번 순환되도록 해준다.	
휴식 자세 	159	3~5초간 동작을 유지.	이 워크아웃을 해낸 당신을 축하해준다. 자랑스럽게 생각한다.

도전적인 레벨의 운동

도전 퓨전 운동은 퓨전 운동 수준 중 가장 강력하다. 다음 운동에 적응할 준비가 되면 운동을 한다. 진화 레벨 퓨전 운동에서 진행할 때 도전 퓨전 운동을 주간 운동 루틴에 추가한다. 점차적으로 운동 횟수를 일주일에 최대 4일까지 늘려준다. 다른 요일에는 더 쉬운 운동을 한다. 처음에는 좀 더 쉬운 버전과 진화된 버전으로 운동을 시작하여 가장 진보된 옵션을 수행하기 위해 자신에게 도전한다.

기술 수준이 높아지면 더 많은 반복을 추가하거나 더 오랜 시간 동안 운동을 유지한다. 도전 퓨전 운동이 익숙해지고 다양한 준비가 되면 4장에서 7장까지 다른 운동을 연습에 추가할 수 있다.

의도 : 호흡 조절 장치를 사용하여 필요할 때 힘을 주고 너무 단단히 긴장하고 있을 때 이완을 시켜준다. 흡기는 신체에 에너지를 가져오고, 호기는 원치 않는 긴장을 풀어준다. 강하고 깊은 호흡에 집중한다.

	운동	페이지	시간이나 반복횟수	운동 추천과 변형
준비 운동 (10분)	**아기 자세** 	29	5초간 호흡 동안 동작을 유지.	갈비늑골의 뒷부분이 확장되는 것에 초점을 맞추면서 3D 호흡법을 연습한다.
	고양이와 소 자세  	30	5회 반복.	페이스를 유지하면서 고양이 자세에서 소 자세로 변경한다.
	실과 바늘 자세의 척추회전  	32	좌우 3회 반복.	숨을 들이 마시면서 함께 움직여 회전하고, 숨을 내쉬면서 실과 바늘 자세(고양이 자세에서 비틀기 자세)로 만들어준다. 다시 회전하기 전에 2~3회 호흡을 위해 실과 바늘 자세 (고양이 자세에서 비틀기 자세)를 유지한다.
	플랭크 자세 	37	5초간 호흡 동안 동작을 유지.	무릎이나 발가락에 체중을 지탱한다.

	운동	페이지	시간이나 반복횟수	운동 추천과 변형
	아래로 향한 개 자세 	38	3~5초간 호흡 동안 동작을 유지.	
	햄스트링 이완을 위한 런지  	34	좌우 3~5회 반복.	속도를 조절하면서 런지 자세에서 양손을 마루에 올려주면서 햄스트링 스트레칭을 해준다. 런지 자세에서 양팔을 머리 위로 올려준다.
	플랭크 자세 	82	3~5초간 호흡 동안 동작을 유지.	무릎이나 발가락으로 체중을 지탱한다.
	아래로 향한 개 자세 	38	3~5초간 호흡 동안 동작을 유지.	
자세 변환	**선 자세에서 양 발의 앞에 양손을 가져가서 앞으로 구부려 네발서기로 구부려준다.**			
준비 운동 (계속)	**팔을 들어 올린 산 자세** 	42	3~4회 반복.	

	운동	페이지	시간이나 반복횟수	운동 추천과 변형
	태양 경배 자세 2 	46	3~4회 반복.	
	태양 경배 자세 3 	47	3~4회 반복.	
자세 변환	**산 자세**			
선 자세 운동 (20분)	**스쿼트 자세** 	50	8~12회 반복.	속도를 조절하면서 2~4회 몸을 낮추어주었다가 일어선다.
	스쿼트 자세에서 뒤꿈치 들기 	52	4~8회 반복.	스쿼트 자세, 뒤꿈치 들기, 뒤꿈치 내리기, 그리고 일어선다.
	의자 자세 	54	5회 호흡을 하면서 동작을 유지.	

도전적인 레벨의 운동 > 계속

운동	페이지	시간이나 반복횟수	운동 추천과 변형
상체 회전 의자 자세 	55	좌우 5회 호흡을 하면서 동작을 유지.	
한 발 스쿼트 자세 	56	좌우 3~5회 반복.	2초를 세는 정도로 속도를 조절하면서 아래로 내려갔다가 일어선다.
런지 자세 (오른쪽) 	60	6~10회 반복.	2에서 4초를 세는 정도로 속도를 조절하면서 아래로 내려갔다가 일어선다.
초승달 런지 자세 (오른쪽) 	64	3~5초간 호흡 동안 동작을 유지.	
전사 자세 3 (오른쪽) 	78	3~5초간 호흡 동안 동작을 유지.	
런지 자세 (왼쪽) 	60	6~10회 반복.	

운동	페이지	시간이나 반복횟수	운동 추천과 변형
초승달 런지 자세 (왼쪽) 	64	3~5초간 호흡 동안 동작을 유지.	
전사 자세 3 (왼쪽) 	78	3~5초간 호흡 동안 동작을 유지.	
전사 자세 1 (오른쪽) 	65	3~5초간 호흡 동안 동작을 유지.	
전사 자세 2 (오른쪽) 	66	3~5초간 호흡 동안 동작을 유지.	
역전 전사 자세 (오른쪽) 	68	3~5초간 호흡 동안 동작을 유지.	
측면을 뻗는 삼각 자세 (오른쪽) 	70	3~5초간 호흡 동안 동작을 유지.	

도전적인 레벨의 운동 > 계속

운동	페이지	시간이나 반복횟수	운동 추천과 변형
반달 자세 (오른쪽) 	80	3~5초간 호흡 동안 동작을 유지.	
전사 자세 1 (왼쪽) 	65	3~5초간 호흡 동안 동작을 유지.	
전사 자세 2 (왼쪽) 	66	3~5초간 호흡 동안 동작을 유지.	
역전 전사 자세 (왼쪽) 	68	3~5초간 호흡 동안 동작을 유지.	
측면을 뻗는 삼각 자세 (왼쪽) 	70	3~5초간 호흡 동안 동작을 유지.	
반달 자세 (왼쪽) 	80	3~5초간 호흡 동안 동작을 유지.	

	운동	페이지	시간이나 반복횟수	운동 추천과 변형
자세 변환	**선 자세에서 앞으로 구부리고 다리를 뒤로 내밀어서 플랭크 자세를 만들어준다.**			
마루 퓨전 운동 (20분)	**플랭크 자세** 	82	3~5초간 호흡 동안 동작을 유지.	무릎을 구부리거나 편 채로 수행한다.
	플랭크 자세에서 구부리기 	82-84	좌우 3~5회 반복.	오른 쪽에서 왼쪽으로 교대로 다리를 들어준다. 호흡에 맞추어서 움직여준다.
	아래로 향한 개 자세 	38	3~5초간 호흡 동안 동작을 유지.	
	플랭크 자세에서 푸시업 	88	8~12회 반복.	무릎이나 발가락으로 체중을 지탱한다.
	아래로 향한 개 자세 	38	3~5초간 호흡 동안 동작을 유지.	
	사이드 플랭크 자세 	90	3~5초간 호흡 동안 동작을 유지.	손이나 전완으로 체중을 지탱한다.
	크로스 테이블 자세 (오른쪽) 	92	3~5초간 호흡 동안 동작을 유지.	
	크로스 테이블 자세 (오른쪽) 	92	3~5회 반복.	무릎과 반대쪽의 팔꿈치가 닿게 한다.

	운동	페이지	시간이나 반복횟수	운동 추천과 변형
	크로스 테이블 자세 (왼쪽) 	92	3~5초간 호흡 동안 동작을 유지.	
	크로스 테이블 자세 (왼쪽) 	92	3~5회 반복	무릎과 반대쪽의 팔꿈치가 닿게 한다.
	등을 펴는 자세 	94	3초간 호흡 동안 들어 주고, 동작을 유지. 4~6회 반복.	양손을 머리 앞 쪽에 둔다.
	엎드려 엉덩이 신전 자세 	98	3초간 호흡 동안 들어 주고, 동작을 유지. 4~6회 반복.	
	수영 자세 	95	좌우 6~8회 반복.	
자세 변환	**길게 늘려 앉은 자세를 취해준다.**			
	하프 롤 백 	102	4~6회 반복.	좌우 교대로 각 방향으로 비스듬하게 뒤로 절반정도 말아주는 것을 4~6회 쉬지 않고 해준다.
	V-앉기 자세(보트 자세) 	104	3~5초간 호흡 동안 동작을 유지.	마루에서 양발을 들어준다.
	역 테이블 자세 	105	3~5초간 호흡 동안 동작을 유지.	다리를 곧게 편 채로 유지한다.
	막대 자세에서 롤업하기 	103	4~6회 반복.	마루에 등을 대고 마친다.

운동	페이지	시간이나 반복횟수	운동 추천과 변형
옆으로 누운 자세에서 다리 들기 (오른쪽) 	107	6~10회 반복.	
옆으로 누운 자세에서 다리로 원 그리기 (오른쪽) 	108	6~10회 반복.	
옆으로 누운 자세에서 다리 들기 (왼쪽) 	107	6~10회 반복.	
옆으로 누운 자세에서 다리로 원 그리기 (왼쪽) 	108	6~10회 반복.	
복부 브레이스 자세 	112	4~6회 반복.	머리 뒤에 양손을 둘 수 있다. 속도를 조절하면서 올려주거나 내려준다.
구부리기와 스트레칭  	114	4~6회 반복.	
한 다리 스트레칭 자세 	116	좌우 6~12회 반복.	양 다리를 교대로 하준다.
브릿지 자세에서 다리들기  	119	좌우 6~10회 반복.	양 무릎을 구부려주거나 곧게 펴준다.

	운동	페이지	시간이나 반복횟수	운동 추천과 변형
정리 운동 (10분)	무릎 꿇은 자세에서 비틀기 (오른쪽) 	130	5회 호흡을 하면서 동작을 유지.	
	실과 바늘 자세 (오른쪽) 	132	5회 호흡을 하면서 동작을 유지.	
	무릎 꿇은 자세에서 비틀기 (왼쪽) 	130	5회 호흡을 하면서 동작을 유지.	
	실과 바늘 자세 (왼쪽) 	132	5회 호흡을 하면서 동작을 유지.	
	낮은 런지 자세 (오른쪽) 	135	5회 호흡을 하면서 동작을 유지.	
	런지 자세에서 엉덩이 늘리기(오른쪽) 	136	3~5회 반복.	
	낮은 런지 자세 (왼쪽) 	135	5회 호흡을 하면서 동작을 유지.	
	런지 자세에서 엉덩이 늘리기 (왼쪽) 	136	3~5회 반복.	

운동	페이지	시간이나 반복횟수	운동 추천과 변형
무릎 꿇은 자세에서 옆으로 구부리기 	150	좌우 5회 호흡을 하면서 동작을 유지.	
아기 자세 	153	5회 호흡을 하면서 동작을 유지.	
등을 펴는 자세로 지지하기 	144	5회 호흡을 하면서 동작을 유지.	
비둘기 자세 	137	좌우 5회 호흡을 하면서 동작을 유지.	
누운 나비 자세 	157	5회 호흡을 하면서 동작을 유지.	
휴식 자세 	159	3~5분 동안 동작을 유지한다.	이번 워크아웃을 마친 자신을 자랑스럽게 여긴다.

9

퓨전 워크아웃

(Fusion Workouts)

▮ 운동 운영시간에 따라

이 장의 퓨전 워크아웃은 피트니스 수준이나 시간 약속에 따라 운동에 할당할 시간을 기준으로 한다. 짧은 세션은 걷기, 달리기 등과 같은 다른 활동을 보완할 수도 있고, 운동을 하면서 스스로 할 수도 있다.

4장의 예열 운동과 7장의 진정되고 회복 운동은 예열 또는 진정을 위해 사용될 수 있다.
다음 운동 차트에서는 운동 중 어느 단계에서든 이 운동을 볼 수 있다. 참조를 위해 페이지 번호를 참조한다.
3장의 주의 집중의 운동이 샘플 운동에 나타난다.

20분 운동

20분 운동은 하루 동안의 퓨전 운동이나 다른 활동과 결합하여 스스로 할 수 있는 빠른 운동이다. 운동 또는 보행을 시작하기 전에 운동을 보완하거나 워밍업으로 20분 운동을 한다. 시간이 제한되어 있으면 매일 효율적인 운동을 할 수 있다. 그것은 초급자이고 강도가 낮아서 당신의 스케줄에 맞추기가 쉽기 때문에 좋은 운동이다. 자신감과 능력을 얻으면 더 긴 운동으로 진행한다.

의도 : 이 운동은 짧지만 좋은 실행에 집중하고 가능한 한 짧은 시간에 훌륭한 결과를 제공할 수 있을 때 각 운동의 가장 어려운 버전을 선택한다.

	운동	페이지	시간이나 반복횟수	운동 추천과 변형
준비 운동 (3분)	**팔을 들어 올린 산 자세** 	42	1분	3D 호흡법을 사용하면서 내 마음과 몸에 집중한다.
	태양 경배 자세 	46	3~4회 반복.	
선 자세 운동 (8분)	**스쿼트 자세** 	50	8~12회 반복.	2~4를 세는 속도로 조절하면서 내려가고 일어선다.

운동	페이지	시간이나 반복횟수	운동 추천과 변형
의자 자세 	54	깊은 호흡 5회를 하는 동안 동작을 유지한다.	
런지 자세 (오른쪽) 	60	8~12회 반복.	2~4를 세는 속도로 조절하면서 내려가고 일어선다.
초승달 런지 자세 (오른쪽) 	64	깊은 호흡 5회를 하는 동안 동작을 유지한다.	
런지 자세 (왼쪽) 	60	8~12회 반복.	2~4를 세는 속도로 조절하면서 내려가고 일어선다.
초승달 런지 자세 (왼쪽) 	64	깊은 호흡 5회를 하는 동안 동작을 유지한다.	

	운동	페이지	시간이나 반복횟수	운동 추천과 변형
	초승달 런지 자세, 전사 자세 3 (오른쪽)  	64, 78	3~5회 반복	초승달 런지 자세에서 전사 자세 3으로 속도를 조절해가면서 움직인다. 각 자세에서 2~3회 호흡을 하는 동안 동작을 유지한다.
	초승달 런지 자세, 전사 자세 3 (왼쪽)  	64, 78	3~5회 반복	초승달 런지 자세에서 전사 자세 3으로 속도를 조절해가면서 움직인다. 각 자세에서 2~3회 호흡을 하는 동안 동작을 유지한다.
자세 변환				
마루 운동 (6분)	**플랭크 자세** 	82	5회 호흡을 하면서 동작을 유지.	손이나 전완으로 체중을 지탱한다.
	사이드 플랭크 자세 (오른쪽) 	90	5회 호흡을 하면서 동작을 유지.	손이나 전완으로 체중을 지탱한다.

	운동	페이지	시간이나 반복횟수	운동 추천과 변형
	와이드 푸시업 플랭크 자세 	89	8~15회 반복.	각 워크아웃의 푸시업의 속도를 다양하게 수행한다: 1를 세는 속도, 2를 세는 속도로 푸시업에서 올라오거나, 3을 세면서 내려가고 1을 세면서 올라온다.
	사이드 플랭크 자세 (왼쪽) 	90	5회 호흡을 하면서 동작을 유지.	손이나 전완으로 체중을 지탱한다.
	등을 펴는 자세 	94	5회 반복.	이마에 댄 양손을 바닥에 올려놓는다. 속도를 조절하면서 올려주고 내려준다.
	엎드려 엉덩이 신전 자세 	98	5회 반복	속도를 조절하면서 올려주고 내려준다. 다리 신전의 최고점에서 동작을 유지해주어 강도를 더해준다.
	위로 향한 개 자세 	100	3~5회 호흡을 하면서 동작을 유지.	
	아래로 향한 개 자세 	38	3~5회 호흡을 하면서 동작을 유지.	
자세 변환				
마루 운동 (계속)	**막대 자세에서 롤업하기** 	103	4~8회 반복.	

	운동	페이지	시간이나 반복횟수	운동 추천과 변형
	복부 브레이스 자세에서 다리 들기 	113	좌우 3~5회 반복.	다리를 교대로 해준다; 속도를 조절하면서 올려주고 내려준다.
정리 운동 (3분)	**누운 자세에서 한 무릎 구부려 스트레칭하기 (오른쪽)** 	156	5회 호흡을 하면서 동작을 유지.	
	누운 자세에서 햄스트링 스트레칭하기 (오른쪽) 	139	5회 호흡을 하면서 동작을 유지.	
	누워서 비틀기 자세 (오른쪽) 	133	5회 호흡을 하면서 동작을 유지.	한 다리로 수행해준다.
	누운 자세에서 한 무릎 구부려 스트레칭하기 (왼쪽) 	156	5회 호흡을 하면서 동작을 유지.	
	누운 자세에서 햄스트링 스트레칭하기 (왼쪽) 	139	5회 호흡을 하면서 동작을 유지.	
	누워서 비틀기 자세 (왼쪽) 	133	5회 호흡을 하면서 동작을 유지.	한 다리로 수행해준다.
	휴식 자세 	159	1분 동작을 유지.	이 휴식은 짧지만 1분을 최대한 활용한다. 1분의 휴식을 취하면 전반적인 웰빙에 커다란 변화를 가져온다.

40분 운동

40분간의 퓨전 운동은 효율적인 전신 운동이다. 이것은 몸 전체를 조각하고 정의하며 강도, 균형 및 유연성에 중점을 둔 중간 수준의 운동이다. 퓨전이 운동을 시작할 때 이 운동의 진행은 완료하기가 쉽거나 운동하기에 제한된 시간을 가질 때 진행된다. 매일 이 운동을 할 수 있다.

의도 : 보낸 시간을 최대한 활용하려면 이 운동에 주의를 기울인다. 당신의 마음이 다른 생각으로 혼란할 때, 운동과 운동의 감각으로 당신 자신으로 돌아가게 한다.

	운동	페이지	시간이나 반복횟수	운동 추천과 변형
준비 운동 (5분)	**팔을 들어 올린 산 자세** 	42	1분.	산 자세로 일어선 상태에서 3D 호흡법을 사용하면서 내 마음과 몸에 집중한다.
	태양 경배 자세 1 	45	3~4회 반복.	
	태양 경배 자세 2 	46	3~4회 반복.	

	운동	페이지	시간이나 반복횟수	운동 추천과 변형
선 자세 운동 (15분)	**무릎 구부려 인사하는 스쿼트 자세 (오른쪽)** 	57	8~12회 반복.	2~4를 세는 정도로 속도를 조절해가면서 내려갔다가 일어선다.
	의자 자세 	54	동작을 유지한 채로 5초간의 호흡을 해준다.	
	무릎 구부려 인사하는 스쿼트 자세 (왼쪽) 	57	8~12회 반복.	2~4를 세는 정도로 속도를 조절해가면서 내려갔다가 일어선다.
	런지 자세, 실과 바늘 자세의 척추회전 (오른쪽)  	60, 72	8~10회 반복.	양발에 똑같이 무게를 두고 서서 오른쪽 다리를 뒤로 내밀면서 2-4를 세는 속도로 몸을 낮추어준다. 무릎의 균형을 맞추면서 오른발을 가져오며 일어선다. 반복한다.
	상체 회전 의자 자세 (오른쪽) 	55	동작을 유지한 채로 5초간의 호흡을 해준다.	

	운동	페이지	시간이나 반복횟수	운동 추천과 변형
	런지 자세, 한발 서기 균형 자세 (왼쪽)  	60, 72	8~10회 반복.	
	상체 회전 의자 자세 (왼쪽) 	55	5초간의 호흡 동안 동작을 유지.	
자세 변환				
마루 운동 (15분)	**하프 롤 백** 	102	4~6회 반복.	좌우 각 방향으로 다양하게 비스듬하게 뒤로 절반 정도 말아주는 것을 4~6회 반복해주는 것을 연속적으로 수행해준다.
	막대 자세에서 롤업하기 	103	4~6회 반복.	
	복부 브레이스 자세 	112	4~6회 반복.	양손을 머리 뒤에 둔다. 몸을 앞으로 구부려주고 3~4회의 호흡 동안 동작을 유지한다. 각 흡기 동안 복부의 긴장이 증가한다.
	복부 브레이스 자세에서 다리 들기 	113	좌우 5~10회 반복.	속도를 조절하면서 다리를 들어주고 내려준다.

	운동	페이지	시간이나 반복횟수	운동 추천과 변형
	구부리기와 스트레칭 	114	4~8회 반복.	
	한 다리 스트레칭 자세 	116	좌우 5~10회 반복.	
	브릿지 자세에서 다리들기 	119	좌우 5회 호흡을 하면서 동작을 유지.	무릎을 구부리거나 다리를 곧게 편 채로 수행.
	옆으로 구부리기 자세 	109	좌우 3~5회 반복.	
자세 변환				
정리 운동 (5분)	무릎 꿇은 자세에서 비틀기 (오른쪽) 	130	3회 호흡을 하면서 동작을 유지.	
	실과 바늘 자세 (오른쪽) 	132	3회 호흡을 하면서 동작을 유지.	

운동	페이지	시간이나 반복횟수	운동 추천과 변형
무릎 꿇은 자세에서 비틀기 (왼쪽) 	130	3회 호흡을 하면서 동작을 유지.	
실과 바늘 자세 (왼쪽) 	132	3회 호흡을 하면서 동작을 유지.	
낮은 런지 자세 (오른쪽) 	135	3~5회 호흡을 하면서 동작을 유지.	
런지 자세에서 비틀기 (오른쪽) 	62	3~5회 호흡을 하면서 동작을 유지.	
강아지 자세 	126	3회 호흡을 하면서 동작을 유지.	
낮은 런지 자세 (왼쪽) 	135	3~5회 호흡을 하면서 동작을 유지.	
런지 자세에서 비틀기 (왼쪽) 	62	3~5회 호흡을 하면서 동작을 유지.	
아기 자세 	153	1분간 동작을 유지.	

60분 운동

60분간의 퓨전 운동은 도전적인 전신 운동이다. 이 운동은 신체의 모든 주요 근육을 대상으로 하며 힘, 균형 및 유연성을 훈련한다. 짧고 쉬운 운동에서 전신으로 나누어서 운동할 수 있다. 자신에게 가장 적합한 운동 강도를 선택하고, 옵션 및 변형에 대해서는 4~7장의 연습 문제를 참조한다.
이 운동을 마스터 할 때마다 운동을 반복하거나 더 오래 걸리면 강도를 높일 수 있다.

의도 : 당신의 마음을 강하고 확고한 것에 집중한다.

	운동	페이지	시간이나 반복횟수	운동 추천과 변형
준비 운동 (8분)	**팔을 들어 올린 산 자세** 	42	1분	산 자세로 일어선 상태로 3D 호흡법을 사용하면서 내 마음과 몸에 집중한다.
	태양 경배 자세 1 	45	2~3회 반복.	
	태양 경배 자세 2 	46	2~3회 반복.	

	운동	페이지	시간이나 반복횟수	운동 추천과 변형
	태양 경배 자세 3 	47	2~3회 반복.	
선 자세 운동 (20분)	**한 발 스쿼트 자세 (오른쪽)** 	56	8~12회 반복.	
	한 발 스쿼트 자세 (왼쪽) 	56	8~12회 반복.	
	런지 자세 (오른쪽) 	60	8~12회 반복.	2~4를 세는 정도로 속도를 조절해가면서 산 자세에서 한다리를 뒤로 내밀면서 몸을 내리면서 런지 자세를 만들고, 다리를 뒤로 내밀면서 산 자세를 만든다.
	초승달 런지 자세 (오른쪽) 	64	3~5초간의 호흡 동안 동작을 유지.	런지 자세에서 한발을 뒤로 내밀면서 초승달 런지 자세를 만들고 유지한다.
	전사 자세 3 (오른쪽) 	78	3~5초간의 호흡 동안 동작을 유지.	균형을 유지하면서 초승달 런지 자세에서 전사 자세 3으로 다리를 올려준다.

운동	페이지	시간이나 반복횟수	운동 추천과 변형
한발 서기 균형 자세 (오른쪽) 	72	3~5회의 호흡 동안 동작을 유지.	한 발로 균형을 유지하면서 같은 다리로 일어서서 유지한다.
스쿼트 자세에서 뒤꿈치 들기 	52	8~12회 반복.	2를 세는 정도로 속도를 조절해가면서 몸을 내려주고 뒤꿈치를 올려준다.
런지 자세 (왼쪽) 	60	8~10회 반복.	2~4를 세는 정도로 속도를 조절해가면서 산 자세에서 한다리를 뒤로 내밀면서 몸을 내리면서 런지 자세를 만들고, 다리를 뒤로 내밀면서 산 자세를 만든다.
초승달 런지 자세 (왼쪽) 	64	3~5회의 호흡 동안 동작을 유지.	런지 자세에서 한발을 뒤로 내밀면서 초승달 런지 자세를 만들고 유지한다.
전사 자세 3 (왼쪽) 	78	3~5회의 호흡 동안 동작을 유지.	균형을 유지하면서 초승달 런지 자세에서 전사 자세 3으로 다리를 올려준다.
한발 서기 균형 자세 (왼쪽) 	72	3~5회의 호흡 동안 동작을 유지.	한 발로 균형을 유지하면서 같은 다리로 일어서서 유지한다.

	운동	페이지	시간이나 반복횟수	운동 추천과 변형
	무릎 구부려 인사하는 스쿼트 자세 (오른쪽) 	57	8~12회 반복.	회전을 다양하게 해준다. 2를 세는 정도로 속도를 조절해가면서 내려가고 올려준다.
	반달 자세 (오른쪽) 	80	3~5회의 호흡 동안 동작을 유지.	
	무릎 구부려 인사하는 스쿼트 자세 (왼쪽) 	57	8~12회 반복.	회전을 다양하게 해준다. 2를 세는 정도로 속도를 조절해가면서 내려가고 올려준다.
	반달 자세 (왼쪽) 	80	3~5회의 호흡 동안 동작을 유지.	
자세 변환	**선 자세에서 앞으로 구부리면서 한발을 뒤로 내밀면서 플랭크 자세를 만든다.**			
마루 운동 (25분)	**플랭크 자세** 	82	3~5회의 호흡 동안 동작을 유지.	
	플랭크 자세에서 엉덩이 내리기 	87	좌우 6~8회 반복.	
	아기 자세 	153	3회의 호흡 동안 동작을 유지.	

운동	페이지	시간이나 반복횟수	운동 추천과 변형
와이드 푸시업 플랭크 자세 	89	8~12회 반복.	
등을 펴는 자세 	94	4~6회 반복.	양 팔을 머리 위로 펴준다.
엎드려 엉덩이 신전 자세 	98	4~6회 반복.	다리를 다양하게 구부리거나 곧게 펴주면서 수행한다.
위로 향한 개 자세 	100	3회의 호흡 동안 동작을 유지.	
사이드 플랭크 자세 (오른쪽) 	90	3회의 호흡 동안 동작을 유지.	손이나 전완으로 체중을 지탱한다.
옆으로 누운 자세에서 다리로 원 그리기 (오른쪽) 	108	4~6회 반복.	손이나 전완으로 체중을 지탱한다.
옆으로 구부리기 자세 (오른쪽) 	109	4~6회 반복.	
평영 자세 	96	4~6회 반복.	
사이드 플랭크 자세 (왼쪽) 	90	3회의 호흡 동안 동작을 유지.	손이나 전완으로 체중을 지탱한다.

운동	페이지	시간이나 반복횟수	운동 추천과 변형
옆으로 누운 자세에서 다리로 원 그리기 (왼쪽) 	108	4~6회 반복.	손이나 전완으로 체중을 지탱한다.
사이드 플랭크 자세 (왼쪽) 	109	4~6회 반복.	
플랭크 자세에서 구부리기 	84	3~5회 반복.	
V-앉기 자세 (보트 자세)  	104	5회의 호흡 동안 동작을 유지.	
역 테이블 자세 	105	5회의 호흡 동안 동작을 유지.	
막대 자세에서 롤업하기 	103	3~5회 반복.	
복부 브레이스 자세에서 다리 들기 	113	좌우 4~6회 반복.	
한 다리 스트레칭 자세 	116	좌우 5~10회 반복.	
교차 자세 	117	좌우. 5~10회 반복.	

	운동	페이지	시간이나 반복횟수	운동 추천과 변형
	브릿지 자세에서 다리들기 	119	좌우 5~10회 반복.	2~4를 세는 정도로 속도를 조절해가면서 올려주었다가 내려준다. 다리를 들어 올려줄 때는 구부리거나 곧게 편 자세로 한다.
정리 운동 (7분)	**누운 자세에서 무릎 구부려 스트레칭하기** 	155	3~5회의 호흡 동안 동작을 유지.	
	누운 자세에서 한 무릎 구부려 스트레칭하기 (오른쪽) 	156	3~5회의 호흡 동안 동작을 유지.	
	발레 스쿼트 자세에서 발 뒤꿈치 들기 (오른쪽) 	139	3~5회의 호흡 동안 동작을 유지.	
	그림-4 자세 (오른쪽) 	142	3~5회의 호흡 동안 동작을 유지.	
	누운 자세에서 한 무릎 구부려 스트레칭하기 (왼쪽) 	156	3~5회의 호흡 동안 동작을 유지.	
	누운 자세에서 무릎 구부려 스트레칭하기 (왼쪽) 	139	3~5회의 호흡 동안 동작을 유지.	

운동	페이지	시간이나 반복횟수	운동 추천과 변형
그림-4 자세 (이상근 스트레칭 자세) 	142	3~5회의 호흡 동안 동작을 유지.	
앉아서 전방 구부리기 자세 	123	3~5회의 호흡 동안 동작을 유지.	
나비 자세 	138	3~5회의 호흡 동안 동작을 유지.	
교차된 다리에서 앉은 자세 트위스트 	129	좌우 3~5회의 호흡 동안 동작을 유지.	
다리 교차하여 앉은 자세에서 전방 구부리기 	125	좌우 3~5회의 호흡 동안 동작을 유지.	
앉은 자세로 간단하게 명상하기 	138	3~5분 동안 동작을 유지.	편안하게 앉아준다. 눈을 감고 호흡을 안정시킨다. 이 운동을 무사히 마친 것을 생각하고, 당신 스스로에게 감사하는 순간을 허락해준다.

10

퓨전 워크아웃

(Fusion Workouts)

■ 신체의 부위별 훈련 목표에 따라

이 장의 퓨전 연습은 훈련 신체의 부위별 훈련 목표에 따라 달라진다. 운동은 운동의 특정 초점에 대해 최상의 결과를 산출하기 위해 모아져 있다. 운동을 단독으로 선택하거나 이 섹션의 운동을 혼합하여 다양한 옵션을 제공한다. 예를 들어, 핵심 컨디셔닝 운동만 수행하거나 핵심 컨디셔닝 운동과 상반신 컨디셔닝을 수행한다. 이 섹션에서 퓨전 워크아웃 중 하나를 수행하여 유산소 운동을 보완할 수도 있다. 4장의 예열 운동과 7장의 진정되고 회복하는 운동은 예열 또는 진정을 위해 사용될 수 있다. 다음 운동 차트에서는 운동 중 어느 단계에서든 이 운동을 볼 수 있다. 참조를 위해 페이지 번호를 참조한다. 3장의 주의 깊은 운동이 샘플 운동에 나타난다.

코어 컨소시닝 작업

코어 근육을 강화하면 자세가 개선되고 모든 활동의 수행이 향상되며 등을 보호하고 코어의 근육을 정의한다. 일상적인 업무에 이 운동을 추가하여 핵심 교육의 이점을 얻을 수 있다. 코어 컨디셔닝 운동은 최상의 결과를 얻기 위해 코어를 훈련시키는 3차원 접근법을 사용하는 최신의 코어 컨디셔닝 방법을 기반으로 한다. 복부 경련과 같은 기존의 핵심 강화 운동은 한 방향으로 굴곡이 이루어지며 코어 훈련에 덜 효과적이다. 운동의 여러 면과 척추가 굴곡하고 확장되고 회전하고 구부러지는 다양한 신체 자세를 통해 신체를 취하는 운동은 훨씬 더 효과적이다. 코어 근육은 당신을 움직이고 중력에 대항하여 안정을 유지한다. 중력에 대항하여 신체 자세를 유지하기 위해 코어가 작동해야 하는 운동을 수행함으로써 척추, 엉덩이 및 어깨를 안정시키는 능력을 향상시킨다. 퓨전 코어 컨디셔닝 운동의 연습은 통합되어 있으며 훈련을 받는 의미에서 코어 역할을 수행한다 : 이동과 고정.

일주일에 두 번 코어 운동을 시작하고 일주일에 최대 다섯 번 일한다. 운동 수정 및 변형에 대해서는 4~7장의 운동 라이브러리를 참조한다.

의도 : 이 운동을 통해 심부 근육을 활성화하기 위해 3D 호흡 기술을 사용하는 데 집중한다.

	운동	페이지	시간이나 반복횟수	운동 추천과 변형
준비 운동 (5분)	**3D 호흡 기법** 	13	1~2분.	편안한 자세로 앉아주고 깊은 호흡법을 하면서 내 마음과 몸에 집중한다.
	아기 자세 	29	3~5회의 호흡 동안 동작을 유지.	양 어깨가 스트레칭되면서 양 어깨부터 꼬리뼈까지의 척추가 늘어나는 것에 초점을 맞춘다.
	고양이와 소 자세 	30	3~5회 반복.	

	운동	페이지	시간이나 반복횟수	운동 추천과 변형
	실과 바늘 자세의 척추회전  	30	좌우 3~5회 반복.	
	플랭크 자세, 플랭크 자세에서 푸시업, 위로 향한 개 자세, 아래로 향한 개 자세   	82, 88, 100, 38	3~5회 반복.	1~2회의 호흡 동안 각 운동을 연결하여 실시한다.
자세 변환	**아래로 향한 개 자세에서 한발을 앞으로 내밀면서 런지 자세를 만든다.**			
스텐딩 퓨전 운동 (20분)	**런지 자세, 아래로 향한 개 자세, 위로 향한 개 자세 3 (오른쪽)**  	60, 78	8~12회 반복.	1~2회의 호흡 동안 런지 자세에서 전사 자세 3으로 역동적으로 연결하여 실시한다.

운동	페이지	시간이나 반복횟수	운동 추천과 변형
런지 자세, 전사 자세 3 (왼쪽)  	60, 78	8~12회 반복.	1~2회의 호흡 동안 런지 자세에서 전사 자세 3으로 역동적으로 연결하여 실시한다.
한 발 스쿼트 자세 (오른쪽) 	56	8~12회 반복.	1~2회의 호흡 동안 한 발 스쿼트 자세에서 무릎 구부려 인사하는 스쿼트 자세로 자연스럽게 연결하여 실시한다.
무릎 구부려 인사하는 스쿼트 자세 (오른쪽) 	57	8~12회 반복.	무릎 구부려 인사하는 스쿼트 자세에서 회전하는 동작으로 자연스럽게 옮겨간다. 좌우 다양하게 8~12회 반복.
한 발 스쿼트 자세 (왼쪽) 	56	8~12회 반복.	한 발 스쿼트 자세에서 무릎 구부려 인사하는 스쿼트 자세로 자연스럽게 연결하여 실시한다.
무릎 구부려 인사하는 스쿼트 자세 (왼쪽) 	57	8~12회 반복.	무릎 구부려 인사하는 스쿼트 자세에서 회전하는 동작으로 자연스럽게 옮겨간다. 좌우 다양하게 8~12회 반복.

운동	페이지	시간이나 반복횟수	운동 추천과 변형
한발 서기 균형 자세 (오른쪽) 	72	3~5회의 호흡 동안 동작을 유지.	
사이드 균형 자세 (오른쪽) 	74	3~5회의 호흡 동안 동작을 유지.	
발레 스쿼트 자세에서 발 뒤꿈치 들기 자세 	59	4~6회 반복	
한발 서기 균형 자세 (왼쪽) 	72	3~5회의 호흡 동안 동작을 유지.	
사이드 균형 자세 (왼쪽) 	74	3~5회의 호흡 동안 동작을 유지.	

	운동	페이지	시간이나 반복횟수	운동 추천과 변형
	반달 자세 	80	좌우 3-5회 호흡을 하면서 동작을 유지.	
자세 변환	선 자세에서 앞으로 구부리면서 한발을 뒤로 내밀면서 무릎 꿇은 자세를 만든다.			
선 자세 운동 (25분)	크로스 테이블 자세 	92	3-5 회 좌우 반복.	팔과 다리를 교대로 들어주거나, 팔꿈치와 반대편 무릎이 서로 닿게 해주거나, 다양하게 다리가 교차되게 해준다.
	플랭크 자세 	82	3~5회의 호흡 동안 동작을 유지.	
	플랭크 자세에서 다리 들어 올리기 	83	6~8회 좌우 반복.	
	플랭크 자세에서 푸시업 	88	6~10회 반복.	
	아기 자세 	153	3~5회의 호흡 동안 동작을 유지.	
	플랭크 자세에서 구부리기 	84	3~5회 좌우 반복.	
	아기 자세 	153	3~5회의 호흡 동안 동작을 유지.	

운동	페이지	시간이나 반복횟수	운동 추천과 변형
사이드 플랭크 자세 (오른쪽) 	90	3~5회의 호흡 동안 동작을 유지.	손이나 전완으로 체중을 지탱한다.
옆으로 구부리기 자세 (오른쪽) 	109	3~5회 반복	손이나 전완으로 체중을 지탱한다.
옆으로 비틀기 자세 (오른쪽) 	110	3~5회 반복	손이나 전완으로 체중을 지탱한다.
플랭크 자세에서 엉덩이 내리기 	86	좌우 3~5회 반복	
사이드 플랭크 자세 (왼쪽) 	90	3~5회의 호흡 동안 동작을 유지.	손이나 전완으로 체중을 지탱한다.
옆으로 구부리기 자세 (왼쪽) 	109	3~5회 반복	손이나 전완으로 체중을 지탱한다.
옆으로 비틀기 자세 (왼쪽) 	110	3~5회 반복	손이나 전완으로 체중을 지탱한다.

운동	페이지	시간이나 반복횟수	운동 추천과 변형
와이드 푸시업 플랭크 자세 	89	8~12회 반복.	
아기 자세 	153	3~5회의 호흡 동안 동작을 유지.	
수영 자세 	95	8~10회 반복.	
평영 자세 	96	3~5회 반복.	
플랭크 자세에서 엉덩이 내리기 	87	좌우 3~5회 반복.	
V-앉기 자세 	104	3~5회의 호흡 동안 동작을 유지.	
역 테이블 자세 	105	3~5회의 호흡 동안 동작을 유지.	
하프 롤 백 	102	4~6회 반복.	
하프 롤 백 	102	좌우 4~6회 반복.	다양하게 비스듬히 수행한다.

운동	페이지	시간이나 반복횟수	운동 추천과 변형
막대 자세에서 롤업하기 	103	4~6회 반복.	
복부 브레이스 자세 	112	3~5회 반복.	손은 머리 뒤에 둔다. 앞으로 구부린 다음 1-2번 숨을 멈추고 유지한다. 그리고 내려준다.
한 다리 스트레칭 자세 	113	6~10회 반복.	
복부 브레이스 자세에서 다리 들기 	116	좌우 6~10회 반복.	
교차 자세 	117	좌우 6~10회 반복.	
구부리기와 스트레칭  	114	6~10회 반복.	
브릿지 자세에서 다리들기  	119	좌우 5회의 호흡 동안 동작을 유지.	무릎은 구부리거나 다리를 곧게 편 채로 수행한다.

	운동	페이지	시간이나 반복횟수	운동 추천과 변형
정리 운동 (5분)	무릎 꿇은 자세에서 비틀기 	130	좌우 3~5회의 호흡 동안 동작을 유지.	좌우 다리를 함께 수행한다.
	낮은 런지 자세 (오른쪽) 	136	3~5회의 호흡 동안 동작을 유지.	
	런지 자세에서 엉덩이 늘리기 (오른쪽) 	136	3~5회의 호흡 동안 동작을 유지.	
	비둘기 자세 (오른쪽) 	137	3~5회의 호흡 동안 동작을 유지.	
	낮은 런지 자세 (왼쪽) 	136	3~5회의 호흡 동안 동작을 유지.	
	런지 자세에서 엉덩이 늘리기 (왼쪽) 	136	3~5회의 호흡 동안 동작을 유지.	
	비둘기 자세 (왼쪽) 	137	3~5회의 호흡 동안 동작을 유지.	

운동	페이지	시간이나 반복횟수	운동 추천과 변형
무릎 꿇은 자세에서 옆으로 구부리기 	150	좌우 3~5회 호흡을 하면서 동작을 유지.	
누운 자세에서 무릎 구부려 스트레칭하기 	155	5회 호흡을 하면서 동작을 유지.	
누워서 비틀기 자세 	133	좌우 5회 호흡을 하면서 동작을 유지.	
누운 나비 자세 	157	5회 호흡을 하면서 동작을 유지.	
휴식 자세 	159	3~5분	긍정적인 자기 대화를 연습한다. 당신이 휴식을 취하는 동안, 당신이 잘하는 모든 것을 당신의 마음에 열거해본다.

몸 전체 컨디셔닝 워크아웃

이 운동의 이름은 모든 것을 말한다. 이것은 상체, 코어 및 하체를 대상으로 한 몸 전체 컨디셔닝 운동이다. 이 전체 운동에서는 4~7장의 퓨전 연습에서 더 쉽거나 어려운 옵션을 선택할 수 있다. 이것은 한 번의 교육 세션에서 많은 것을 성취하고자 할 때 아주 좋은 운동이다. 일주일에 3-5번 운동을 할 수 있다. 힘과 기술을 습득할 때 더 많은 반복을 추가하거나 운동을 오래 유지한다.

의도 : 긍정적인 태도로 이 운동에 접근한다. 당신의 강점에 집중하고 연습으로 더 강해질 것이라는 것을 알아야 한다.

	운동	페이지	시간이나 반복횟수	운동 추천과 변형
정리 운동 (10분)	**3D 호흡 기법** 	20	1분.	일어서서 호흡을 사용하면서 내 마음과 몸에 집중한다.
	팔을 들어 올린 산 자세 	42	3~4회 반복.	
	산 자세에서 옆으로 구부리기 	43	좌우 3~4회 반복.	
	동적 4 점 스트레칭하기 	146	3~4회 반복.	페이스를 조절하면서 움직인다.

	운동	페이지	시간이나 반복횟수	운동 추천과 변형
	앞으로 구부려 네발서기 	41	3~5회의 호흡 동안 동작을 유지.	척추를 굽히고 천천히, 통제 된 방식으로 굴러갑니다.
	태양 경배 자세 2 	46	3~5회 반복.	
	태양 경배 자세 3 	47	3~5회 반복.	
자세 변환	**산 자세로 돌아온다.**			
스텐딩 퓨전 운동 (15분)	**런지 자세 (오른쪽)** 	60	8~12회 반복.	산 자세에서 뒤로 물러나서 손을 모아준다.
	초승달 런지 자세 (오른쪽) 	64	3~5회의 호흡 동안 동작을 유지.	초승달 런지 자세에서 다리를 뒤로 올려 전사 자세 3까지 들어 올린다.

운동	페이지	시간이나 반복횟수	운동 추천과 변형
전사 자세 (오른쪽) 	78	3~5회의 호흡 동안 동작을 유지.	
런지 자세 (왼쪽) 	60	8~10회 반복.	전사 자세 3에서, 뒤로 물러서면서 두 손을 모아준다.
초승달 런지 자세 (왼쪽) 	64	3~5회의 호흡 동안 동작을 유지.	초승달 런지 자세에서, 다리를 뒤로 올려 전사 자세 3을 만들어준다.
전사 자세 3 (왼쪽) 	78	3~5회의 호흡 동안 동작을 유지.	
스쿼트 자세 	50	8~10회 반복.	2~4를 세는 정도로 속도를 조절해가면서 내려갔다가 일어선다.
상체 회전 의자 자세 	55	좌우 3~5회의 호흡 동안 동작을 유지.	

운동	페이지	시간이나 반복횟수	운동 추천과 변형
한발 서기 균형 자세 (오른쪽) 	72	3~5회의 호흡 동안 동작을 유지.	
한 발 스쿼트 자세 (오른쪽) 	56	8~10회 반복.	
한발 서기 균형 자세 (왼쪽) 	72	3~5회의 호흡 동안 동작을 유지.	
한 발 스쿼트 자세 (왼쪽) 	56	8~10회 반복.	
발레 스쿼트 자세 	58	8~10회 반복.	
발레 스쿼트 자세에서 발 뒤꿈치 들기 자세 	59	8~10회 반복.	

	운동	페이지	시간이나 반복횟수	운동 추천과 변형
	나무 자세 	76	좌우 5회의 호흡 동안 동작을 유지.	
자세 변환	**선 자세에서 앞으로 구부리면서 한발을 뒤로 내밀면서 플랭크 자세를 만든다.**			
마루 운동 (20분)	**플랭크 자세** 	82	3~5회의 호흡 동안 동작을 유지.	
	플랭크 자세에서 엉덩이 올리기 	86	4~8회 반복.	
	와이드 푸시업 플랭크 자세 	89	8~10회 반복.	무릎이나 발가락으로 체중을 지탱한다.
	사이드 플랭크 자세 (오른쪽) 	90	3~5회의 호흡 동안 동작을 유지.	손이나 전완으로 체중을 지탱한다.
	수영 자세 	95	8~10회 반복.	
	사이드 플랭크 자세 (왼쪽) 	90	3~5회의 호흡 동안 동작을 유지.	손이나 전완으로 체중을 지탱한다.

운동	페이지	시간이나 반복횟수	운동 추천과 변형
위로 향한 개 자세 	100	3~5회의 호흡 동안 동작을 유지.	
활 자세 	99	3~5회 반복.	
옆으로 구부리기 자세, 옆으로 비틀기 자세 (오른쪽)  	109, 110	3~5회 반복.	
V-앉기 자세  	104	3~5회의 호흡 동안 동작을 유지.	
옆으로 구부리기 자세, 옆으로 비틀기 자세 (왼쪽)  	109, 110	3~5회 반복.	
하프 롤 백  	102	4~8회 반복.	

	운동	페이지	시간이나 반복횟수	운동 추천과 변형
	막대 자세에서 롤업하기 	103	3~5회 반복.	
	복부 브레이스 자세에서 다리 들기 	113	8~10회 반복.	
	브릿지 자세에서 외회전 	120	8~10회 반복.	
자세 변환	**앉은 자세로 옮긴다.**			
정리 운동 (10분)	**다리 교차하여 앉은 자세에서 전방 구부리기** 	125	좌우 3~5회의 호흡 동안 동작을 유지.	2를 세는 정도의 속도에 맞춰서 올려주었다가 내린다.
	앉아서 비틀기 자세 	128	좌우 3~5회의 호흡 동안 동작을 유지.	
	소 머리 자세 	145	좌우 3~5회의 호흡 동안 동작을 유지.	
	앉아서 옆 구부리기 자세 	149	좌우 3~5회의 호흡 동안 동작을 유지.	
	넓게 다리 벌려 앉은 자세에서 전방 구부리기 자세 (악어 자세) 	124	3~5회의 호흡 동안 동작을 유지.	

운동	페이지	시간이나 반복횟수	운동 추천과 변형
런지 자세에서 엉덩이 늘리기 	136	좌우 3~5회 동작을 반복.	
런지 자세에서 비틀기 	62	좌우 3~5회의 호흡 동안 동작을 유지.	
등을 펴는 자세로 지지하기 	144	3~5회의 호흡 동안 동작을 유지.	
아기 자세 	153	3~5회의 호흡 동안 동작을 유지.	
앉은 자세로 간단한 명상하기 		2~5분 동안 실시.	당신의 호흡에 집중한다. 각각의 흡기와 호기 동안의 신체의 미세한 움직임을 관찰한다. 마음이 불안정하면, 호흡에 먼저 집중한다.

상체 컨디셔닝 워크아웃

일상 생활에서 현대적인 편리함과 기술을 사용함으로써 우리가 상체를 사용하는 방식이 바뀌었다. 이전 세대는 매일의 집안일 동안 상반신을 사용했다. 대부분의 사람들에게 이것은 더 이상의 생활이 아니므로 상체의 약점이 발생한다. 상체를 훈련하는 것은 전반적인 체력, 기능 및 외모를 위해 매우 중요한다. 퓨전 상체 컨디셔닝 운동은 몸무게 또는 기타 운동기구를 사용하지 않고 상체의 모든 주요 근육 그룹을 대상으로 한다. 운동의 조직은 코어 컨디셔닝을 통합하면서 팔, 가슴, 등을 정의하는 상반신 과제를 제공한다. 상반신 컨디셔닝 운동은 걷기, 달리기 등과 같은 다른 활동을 보완한다. 주간 퓨전 운동 프로그램에 따라 주당 3회의 운동을 할 수 있다. 4~7장의 운동을 조정하여 운동을 어렵게 하거나 더 쉽게 만들고 반복 횟수 또는 운동 종류의 변화를 조정한다.

의도 : 이것은 어려운 운동이다. 최선의 노력을 기울이면 시간이 지나면 더 강해질 것임을 알 수 있다. 진언에 집중하라. 나는 강하다.

	운동	페이지	시간이나 반복횟수	운동 추천과 변형
준비 운동 (8분)	**3D 호흡 기법** 	20	1~2분	선 자세로 호흡법을 하면서 내 마음과 몸에 집중한다.
	팔을 들어 올린 산 자세 	42	3~4회 반복.	
	산 자세에서 옆으로 구부리기 	43	좌우 3~4회 반복.	

	운동	페이지	시간이나 반복횟수	운동 추천과 변형
	동적 4점 스트레칭하기 	146	3~5회 반복.	페이스를 조절하면서 움직여준다.
	태양 경배 자세 2 	46	3~5회 반복.	
	태양 경배 자세 3 	47	3~5회 반복.	
자세 변환	**산 자세를 취한다.**			
선 자세 운동 (10분)	**전사 자세 (오른쪽)** 	65	3~5회의 호흡 동안 동작을 유지.	
	전사 자세 (오른쪽) 	66	3~5회의 호흡 동안 동작을 유지.	

운동	페이지	시간이나 반복횟수	운동 추천과 변형
역전 전사 자세 (오른쪽) 	68	3~5회의 호흡 동안 동작을 유지.	
측면을 뻗는 삼각 자세 (오른쪽) 	70	3~5회의 호흡 동안 동작을 유지.	
초승달 런지 자세 (오른쪽) 	64	3~5회의 호흡 동안 동작을 유지.	
플랭크 자세, 플랭크 자세에서 푸시업, 위로 향한 개 자세, 아래로 향한 개 자세   	82, 88, 100, 38	페이스를 조절하면서 각 운동을 자연스럽게 수행하며, 각 동작은 1~2회의 호흡을 해준다.	초승달 런지 자세에서 양손을 바닥에 가져가고, 다리를 뒤로 내밀면서 플랭크 자세를 만든다. 아래로 향한 개 자세에서 전사 자세 1로 옮긴다.

운동	페이지	시간이나 반복횟수	운동 추천과 변형
전사 자세 1 (왼쪽)) 	65	3~5회의 호흡 동안 동작을 유지.	
전사 자세 2 (왼쪽) 	66	3~5회의 호흡 동안 동작을 유지.	
역전 전사 자세 (왼쪽) 	68	3~5회의 호흡 동안 동작을 유지.	
측면을 뻗는 삼각 자세 (왼쪽) 	70	3~5회의 호흡 동안 동작을 유지.	
초승달 런지 자세 (왼쪽) 	64	3~5회의 호흡 동안 동작을 유지.	

	운동	페이지	시간이나 반복횟수	운동 추천과 변형
	플랭크 자세, 플랭크 자세에서 푸시업, 위로 향한 개 자세, 아래로 향한 개 자세   	82, 88, 100, 38	페이스를 조절하면서 각 운동을 자연스럽게 수행하며, 각 동작은 1~2회의 호흡을 해준다.	초승달 런지 자세에서, 마루에 손을 올려놓고 한다리를 뒤로 내밀면서 플랭트 자세를 만든다.
자세 변환	**아래로 향한 개 자세에서 무릎을 낮추어준다.**			
선 자세 운동 (25분)	**플랭크 자세** 	82	3~5회의 호흡 동안 동작을 유지.	무릎이나 발가락으로 체중을 지탱한다.
	플랭크 자세에서 푸시업 	88	8~10회 반복.	무릎이나 발가락으로 체중을 지탱한다.
	아기 자세 	29	3~5회의 호흡 동안 동작을 유지.	이 운동을 통여 휴식을 취해준다.
	플랭크 자세 	37	3~5회의 호흡 동안 동작을 유지.	오른쪽 다리를 들어 올려주고 무릎이나 발가락으로 체중을 지탱한다.
	플랭크 자세에서 푸시업 	88	8~10회 반복.	오른쪽 다리를 들어 올려주고 무릎이나 발가락으로 체중을 지탱한다.
	아기 자세 	29	3~5회의 호흡 동안 동작을 유지.	이 운동을 통여 휴식을 취해준다.
	플랭크 자세 	82	3~5회의 호흡 동안 동작을 유지.	오른쪽 다리를 들어 올려주고 무릎이나 발가락으로 체중을 지탱한다.

운동	페이지	시간이나 반복횟수	운동 추천과 변형
플랭크 자세에서 푸시업 	88	8~10회 반복.	왼쪽 다리를 들어 올려주고 무릎이나 발가락으로 체중을 지탱한다.
등을 펴는 자세 	94	8~10회 반복.	양팔을 바깥쪽으로 벌려준다.
평영 자세 	96	3~5회 반복.	
사이드 플랭크 자세 (오른쪽) 	90	3~5회의 호흡 동안 동작을 유지.	손이나 전완으로 체중을 지탱한다.
와이드 푸시업 플랭크 자세 	89	8~10회 반복.	무릎이나 발가락으로 체중을 지탱한다.
사이드 플랭크 자세 (왼쪽) 	90	3~5회의 호흡 동안 동작을 유지.	손이나 전완으로 체중을 지탱한다.
수영 자세 	95	8~10회 반복.	
위로 향한 개 자세 	100	3~5회의 호흡 동안 동작을 유지.	
옆으로 구부리기 자세 (오른쪽) 	109	3~5회 반복.	

	운동	페이지	시간이나 반복횟수	운동 추천과 변형
	옆으로 비틀기 자세 (오른쪽) 	110		
	역 테이블 자세 	105	3~5회의 호흡 동안 동작을 유지.	운동을 수행하면서 무릎을 구부려주거나 다리를 곧게 펴준다.
	옆으로 구부리기 자세 (왼쪽) 	109	3~5회 반복	
	옆으로 비틀기 자세 (왼쪽) 	110	3~5회 반복	
자세 변환	앉은 자세를 유지한다.			
정리 운동 (8분)	소 머리 자세 	145	좌우 3~5회의 호흡 동안 동작을 유지.	
	앉아서 비틀기 자세 	128	좌우 3~5회의 호흡 동안 동작을 유지.	
	앉아서 옆 구부리기 자세 	149	좌우 3~5회의 호흡 동안 동작을 유지.	
	앉아서 전방 구부리기 자세 	123	3~5회의 호흡 동안 동작을 유지.	

	운동	페이지	시간이나 반복횟수	운동 추천과 변형
	누워서 비틀기 자세 	133	좌우 3~5회의 호흡 동안 동작을 유지.	양쪽 다리를 구부린다.
	휴식 자세 	159	1~5분.	신체가 회복하는 시간을 가진다. 심박수와 호흡률을 늦추고, 완화되게 한다.

하체 컨디셔닝 워크아웃

하체 컨디셔닝 운동은 엉덩이, 엉덩이 및 허벅지를 대상으로 한다. 이 운동의 운동은 하체를 강화하고 정의하며, 동시에 강력하고 우아한 운동을 달성할 수 있는 유연성과 안정성을 증가시킨다. 하체 운동은 총 주간 퓨전 운동에 따라 주당 2~4회 실시할 수 있다. 반복 횟수를 늘리거나 운동 시간을 길게 늘려 운동을 늘려준다.

의도 : 당신의 몸에 균형을 찾는 데 집중한다. 몸의 한쪽 면이 더 강하고 안정적인지 또는 더 유연한지 관찰한다. 당신이 관찰하여 약점에 더 많은 시간을 할애한다.

	운동	페이지	시간이나 반복횟수	운동 추천과 변형
준비 운동 (5분)	3D 호흡 기법 	20	1분	선 자세에서 호흡을 하면서 내 마음과 몸에 집중한다.
	팔을 들어 올린 산 자세 	42	3~4회 반복	
	산 자세에서 옆으로 구부리기 	43	좌우 3~4회 반복	
	앞으로 구부려 네발서기 	41	3~5회의 호흡 동안 동작을 유지.	

	운동	페이지	시간이나 반복횟수	운동 추천과 변형
	태양 경배 자세 2  	46	3~5회 반복.	
	햄스트링 이완을 위한 런지  	34	좌우 3~5회 반복.	
자세 변환	**산 자세를 취한다.**			
선 자세 운동 (20분)	**스쿼트 자세** 	50	8~12회 반복.	2를 세는 정도로 속도를 조절해가면서 내려갔다가 일어선다.
	스쿼트 자세에서 뒤꿈치 들기 	52	8~12회 반복.	
	한 발 스쿼트 자세 (오른쪽) 	56	8~12회 반복.	

운동	페이지	시간이나 반복횟수	운동 추천과 변형
한 발 스쿼트 자세 (왼쪽) 	56	8~10회 반복	
전사 자세 1 (오른쪽) 	65	3~5회의 호흡 동안 동작을 유지.	
전사 자세 2 (오른쪽) 	66	3~5회의 호흡 동안 동작을 유지.	
역전 전사 자세 (오른쪽) 	68	3~5회의 호흡 동안 동작을 유지.	
측면을 뻗는 삼각 자세 (오른쪽) 	70	3~5회의 호흡 동안 동작을 유지.	
전사 자세 1 (왼쪽) 	65	3~5회의 호흡 동안 동작을 유지.	

운동	페이지	시간이나 반복횟수	운동 추천과 변형
전사 자세 (왼쪽) 	66	3~5회의 호흡 동안 동작을 유지.	
역전 전사 자세 (왼쪽) 	68	3~5회의 호흡 동안 동작을 유지.	
측면을 뻗는 삼각 자세 (왼쪽) 	70	3~5회의 호흡 동안 동작을 유지.	
런지 자세 (오른쪽) 	60	8~12회 반복.	2를 세는 정도로 속도로 조절해가면서 내려갔다가 일어선다.
초승달 런지 자세 (오른쪽) 	64	3~5회의 호흡 동안 동작을 유지.	
런지 자세에서 비틀기 (오른쪽) 	131	3~5회의 호흡 동안 동작을 유지.	

운동	페이지	시간이나 반복횟수	운동 추천과 변형
런지 자세 (왼쪽) 	60	8~12회 반복.	2를 세는 정도로 속도를 조절해가면서 내려갔다가 일어선다.
초승달 런지 자세 (왼쪽) 	64	3~5회의 호흡 동안 동작을 유지.	
런지 자세에서 비틀기 (왼쪽) 	62	3~5회의 호흡 동안 동작을 유지.	
무릎 구부려 인사하는 스쿼트 자세 (오른쪽) 	57	8~12회 반복.	
무릎 구부려 인사하는 스쿼트 자세 (오른쪽) 	57	8~12회 반복.	
무릎 구부려 인사하는 스쿼트 자세 (왼쪽) 	57	8~12회 반복.	

	운동	페이지	시간이나 반복횟수	운동 추천과 변형
	무릎 구부려 인사하는 스쿼트 자세 (왼쪽) 	57	8~12회 반복.	다양하게 회전을 해준다.
	아기 자세 	54	5회의 호흡 동안 동작을 유지.	
	상체 회전 의자 자세 	55	좌우 3~5회의 호흡 동안 동작을 유지.	
	발레 스쿼트 자세 	58	8~12회 반복.	
	발레 스쿼트 자세에서 발 뒤꿈치 들기 자세 	59	8~12회 반복.	
자세 변환	**선 자세에서 앞으로 구부리면서 한발을 뒤로 내밀면서 무릎 꿇은 자세를 만든다.**			
마루 운동 (25분)	**크로스 테이블 자세** 	92	좌우 3~5회의 호흡 동안 동작을 유지.	팔과 다리를 교대로 들어 올린다.

하체 컨디셔닝 워크아웃 > 계속

운동	페이지	시간이나 반복횟수	운동 추천과 변형
크로스 테이블 자세 	92	좌우 3~5회 동작을 반복.	다리를 교차하여 수행한다.
엎드려 엉덩이 신전 자세 	98	3~5회의 호흡 동안 동작을 유지하고 3회 반복.	운동을 수행하면서 다리를 곧게 펴준다.
엎드려 엉덩이 신전 자세 	98	8~10회 반복.	무릎을 구부려주거나 다리를 곧게 펴준다.
옆으로 누운 자세에서 다리 들기 (오른쪽) 	107	8~10회 반복.	
옆으로 누운 자세에서 다리로 원 그리기 (오른쪽) 	108	8~10회 반복.	손이나 전완으로 체중을 지탱한다.
옆으로 구부리기 자세 (오른쪽) 	109	3~5회 반복.	
옆으로 누운 자세에서 다리 들기 (왼쪽) 	107	8~10회 반복.	
옆으로 누운 자세에서 다리로 원 그리기 (왼쪽) 	108	8~10회 반복.	손이나 전완으로 체중을 지탱한다.
옆으로 구부리기 자세 (왼쪽) 	109	3~5회 반복.	
역 테이블 자세 	105	3~5회의 호흡 동안 동작을 유지하고 3회 반복.	운동을 수행하면서 무릎을 구부려주거나 다리를 곧게 펴준다.

	운동	페이지	시간이나 반복횟수	운동 추천과 변형
	브릿지 자세 	118	8~10회 반복.	2를 세는 정도로 속도를 올려주었다가 내려준다.
	브릿지 자세에서 외회전 	120	8~10회 반복.	2를 세는 정도로 속도를 올려주었다가 내려준다.
자세 변환	**무릎 꿇은 자세를 만든다.**			
정리 운동 (10분)	**낮은 런지 자세 (오른쪽)** 	135	3~5회의 호흡 동안 동작을 유지.	
	런지 자세에서 엉덩이 늘리기 (오른쪽) 	136	3~5회 반복.	
	비둘기 자세 (오른쪽) 	137	3~5회의 호흡 동안 동작을 유지.	
	낮은 런지 자세 (왼쪽) 	135	3~5회의 호흡 동안 동작을 유지.	
	런지 자세에서 엉덩이 늘리기 (왼쪽) 	136	3~5회 반복.	
	비둘기 자세 (왼쪽) 	137	3~5회의 호흡 동안 동작을 유지.	

운동	페이지	시간이나 반복횟수	운동 추천과 변형
누운 자세에서 한 무릎 구부려 스트레칭하기 	156	좌우 3~5회의 호흡 동안 동작을 유지.	
누운 자세에서 무릎 구부려 스트레칭하기 	139	좌우 3~5회의 호흡 동안 동작을 유지.	
누운 자세에서 내전근 스트레칭하기 	140	좌우 3~5회의 호흡 동안 동작을 유지.	
누운 자세에서 외전근 스트레칭하기 	141	좌우 3~5회의 호흡 동안 동작을 유지.	
그림-4 자세 (이상근 스트레칭 자세) 	142	좌우 3~5회의 호흡 동안 동작을 유지.	
행복한 아기 자세 	158	3~5회의 호흡 동안 동작을 유지.	
누운 나비 자세 	157	1분.	호흡을 하면서 이완한다.

회복과 이완을 위한 워크아웃

이 운동은 몸을 진정시키고 회복시키도록 고안되었다. 열심히 일해야 하는 것보다 더 긴장을 풀 필요가 있는 날에는 이 운동을 완벽하게 수행한다. 주간 운동을 계획할 때 신체 회복을 돕기 위해 강도 높은 운동을 한 다음날에 회복 및 이완 운동을 계획한다. 스트레칭과 휴식을 취하기에 좋은 다른 활동으로 이 운동을 할 수도 있다. 퓨전 복원과 휴식 운동을 매일 할 수 있다.

의도 : 이 운동은 모든 것을 내려놓는 것이다. 이 운동에서 운동과 스트레칭에 몸을 맡긴다. 숨을 들이 쉬고 천천히 편안하게 한다.

	운동	페이지	시간이나 반복횟수	운동 추천과 변형
준비 운동 (5~15분)	**3D 호흡 기법** 	13	1분.	앉은 자세에서 호흡법을 하면서 내 마음과 몸에 집중한다.
	앉은 자세에서 긍정적인 생각을 하는 명상하기 		3~10분.	당신의 마음이 명상에 할 수 있도록 이 섹션을 위한 시간를 설정할 수 있다. 기쁨과 평화를 가져다주는 긍정적인 생각이나 문구에 집중한다.
	아기 자세 	29	5~10회의 호흡 동안 동작을 유지.	
	고양이와 소 자세 	30	3~5회 반복.	
자세 변환	**앉은 자세를 만든다.**			
정리 운동 (20~30분)	**다리 교차하여 앉은 자세에서 전방 구부리기** 	125	좌우 5회의 호흡 동안 동작을 유지.	

운동	페이지	시간이나 반복횟수	운동 추천과 변형
앉아서 옆 구부리기 자세 	149	좌우 5회의 호흡 동안 동작을 유지.	
앉아서 비틀기 자세 	128	좌우 5회의 호흡 동안 동작을 유지.	
앉아서 전방 구부리기 자세 	123	5회의 호흡 동안 동작을 유지.	
나비 자세 	138	5회의 호흡 동안 동작을 유지.	
소 머리 자세 	145	좌우 5회의 호흡 동안 동작을 유지.	
넓게 다리 벌려 앉은 자세에서 전방 구부리기 자세 (악어 자세) 	124	5회의 호흡 동안 동작을 유지.	
낮은 런지 자세 (오른쪽) 	135	5회의 호흡 동안 동작을 유지.	
런지 자세에서 비틀기 (오른쪽) 	62	5회의 호흡 동안 동작을 유지.	

운동	페이지	시간이나 반복횟수	운동 추천과 변형
비둘기 자세 (오른쪽) 	137	5회의 호흡 동안 동작을 유지.	
강아지 자세 	126	5회의 호흡 동안 동작을 유지.	
낮은 런지 자세 (왼쪽) 	135	5회의 호흡 동안 동작을 유지.	
런지 자세에서 비틀기 (왼쪽) 	62	5회의 호흡 동안 동작을 유지.	
비둘기 자세 (왼쪽) 	137	5회의 호흡 동안 동작을 유지.	
무릎 꿇은 자세에서 비틀기 	130	좌우 5회의 호흡 동안 동작을 유지.	
등을 펴는 자세로 지지하기 	144	5회의 호흡 동안 동작을 유지.	
아기 자세 	153	5회의 호흡 동안 동작을 유지.	

운동	페이지	시간이나 반복횟수	운동 추천과 변형
누운 자세에서 무릎 구부려 스트레칭하기 	155	5회의 호흡 동안 동작을 유지.	
누운 자세에서 한 무릎 구부려 스트레칭하기 (오른쪽) 	156	5회의 호흡 동안 동작을 유지.	무릎으로 원을 그리면서 수행한다.
누운 자세에서 무릎 구부려 스트레칭하기 (오른쪽) 	139	5회의 호흡 동안 동작을 유지.	
누운 자세에서 외전근 스트레칭하기 (오른쪽) 	141	5회의 호흡 동안 동작을 유지.	
누운 자세에서 내전근 스트레칭하기 (오른쪽) 	140	5회의 호흡 동안 동작을 유지.	
그림-4 자세 (오른쪽) 	142	5회의 호흡 동안 동작을 유지.	
누워서 비틀기 자세 (오른쪽) 	133	5회의 호흡 동안 동작을 유지.	
누운 자세에서 무릎 구부려 스트레칭하기 	155	5회의 호흡 동안 동작을 유지.	

운동	페이지	시간이나 반복횟수	운동 추천과 변형
누운 자세에서 한 무릎 구부려 스트레칭하기 (왼쪽) 	156	5회의 호흡 동안 동작을 유지.	무릎으로 원을 그리면서 수행한다.
누운 자세에서 무릎 구부려 스트레칭하기 (왼쪽) 	139	5회의 호흡 동안 동작을 유지.	
누운 자세에서 외전근 스트레칭하기 (왼쪽) 	141	5회의 호흡 동안 동작을 유지.	
누운 자세에서 내전근 스트레칭하기 (왼쪽) 	140	5회의 호흡 동안 동작을 유지.	
그림-4 자세 (왼쪽) 	142	5회의 호흡 동안 동작을 유지.	
누워서 비틀기 자세 (왼쪽) 	133	5회의 호흡 동안 동작을 유지.	
누운 나비 자세 (왼쪽) 	157	5회의 호흡 동안 동작을 유지.	
행복한 아기 자세 	158	5회의 호흡 동안 동작을 유지.	

운동	페이지	시간이나 반복횟수	운동 추천과 변형
잔잔한 호수 자세 	154	5회의 호흡 동안 동작을 유지.	
휴식 자세 	159	1~10분.	호흡에 집중한다. 호흡이 노력없이 자연스럽게 될 때까지 흡기와 호기를 한다.

11

퓨전 워크아웃

(Fusion Workouts)

다양한 대상자에 따라

이 장의 운동과 실습은 경험하고 싶은 운동의 스타일과 활동을 기반으로 한다. 필라테스와 피트니스 운동을 기반으로 하는 운동을 연습하여 강력한 코어 운동을 제공하거나 균형, 유연성 및 은총에 도전하기 위해 발레(barre) 카테고리의 연습을 수행한다. 반복 횟수 또는 운동 시간을 변경함으로써 운동 강도를 쉽게 늘리거나 줄일 수 있다. 4장의 예열 운동과 7장의 진정 및 회복 운동은 예열 또는 진정을 위해 사용될 수 있다. 다음 운동 차트에서는 운동 중 어느 단계에서든 이 운동을 볼 수 있다.
참조를 위해 페이지 번호를 참조한다. 3장의 주의 깊은 운동이 샘플 운동에 나타난다.

운동선수를 위한 워크아웃

피트니스 애호가이든 레크리에이션이나 운동선수이든, 훈련은 긴장감을 유발하고 근육의 불균형을 야기할 수 있다. 운동 활동의 가장 일반적인 결과는 엉덩이, 등 뒤로, 어깨 앞, 가슴의 조임이다.

이 운동의 연습은 이러한 문제 영역에서 긴장을 풀고 이동성을 높이는 동시에 힘을 키우는 것을 목표로 한다. 선수 운동은 육체적이며 도전적이다. 당신은 이 운동을 일주일에 세 번 할 수 있으며 20분 운동과 회복 및 이완 운동 같은 더 쉬운 운동으로 운동을 보완해야 한다. 이 운동의 강도를 높이거나 낮추기 위해 반복 횟수와 유지 길이를 변경한다.

의도 : 자신이나 다른 사람들과 경쟁할 때이다. 좀 더 세게 몰아넣는 것에 유의한다. 기분을 인식하고 한계를 존중한다.

	운동	페이지	시간이나 반복횟수	운동 추천과 변형
준비 운동 (10분)	**아기 자세** 	29	5회의 호흡 동안 동작을 유지.	3D 호흡을 연습하고 흉곽의 뒷부분을 확장하는 데 집중한다.
	고양이와 소 자세  	30	3~4회 반복.	페이스를 조절하면서 고양이 자세에서 소 자세로 만든다.
	실과 바늘 자세의 척추회전  	32	좌우 3~4회 반복.	각 움직임에서 2~ 3회 호흡을 해주면서 척추를 회전하는 움직임으로부터 실과 바늘 자세 (고양이 자세에서 비틀기 자세)를 만든다.

운동	페이지	시간이나 반복횟수	운동 추천과 변형
햄스트링 이완을 위한 런지 	34	좌우 3~4회 반복.	속도를 조절하면서 런지 자세에서 양손을 마루에 대고 햄스트링 근육을 스트레칭 해준다.
아래로 향한 개 자세 	38	5회의 호흡 동안 동작을 유지.	아래로 향한 개 자세가 불편하다면 아기 자세를 취한다.
앞으로 구부려 네발서기 	41	3~4회 반복.	리듬을 천천히 조절하면서 척추의 커브를 구부려 내려주고 올려준다.
태양 경배 자세 1 	45	2~3회 반복.	
태양 경배 자세 2 	46	2~3회 반복.	

	운동	페이지	시간이나 반복횟수	운동 추천과 변형
자세 변환	선 자세나 아래로 향한 개 자세에서, 한발을 내밀어 런지 자세를 만든다.			
선 자세 운동 (15분)	**초승달 런지 자세 (오른쪽)** 	64	3~5회의 호흡 동안 동작을 유지.	양팔을 머리 위로 올린다. 양 팔을 등 뒤로 다양하게 유지한다.
	런지 자세 (오른쪽) 	60	3~5회의 호흡 동안 동작을 유지.	양 손을 마루 위에 놓는다.
	런지 자세에서 비틀기 (오른쪽) 	131	3~5회의 호흡 동안 동작을 유지.	
	아래로 향한 개 자세 	38	3~5회의 호흡 동안 동작을 유지.	
	초승달 런지 자세 (왼쪽) 	64	3~5회의 호흡 동안 동작을 유지.	양팔을 머리 위로 올린다. 양 팔을 등 뒤로 다양하게 유지한다.
	런지 자세 (왼쪽) 	60	3~5회의 호흡 동안 동작을 유지.	양 손을 마루 위에 놓는다.

운동	페이지	시간이나 반복횟수	운동 추천과 변형
런지 자세에서 비틀기 (왼쪽) 	131	3~5회의 호흡 동안 동작을 유지.	
전사 자세 2 (오른쪽) 	67	3~5회의 호흡 동안 동작을 유지.	
역전 전사 자세 (오른쪽) 	68	3~5회의 호흡 동안 동작을 유지.	
측면을 뻗는 삼각 자세 (오른쪽) 	70	3~5회의 호흡 동안 동작을 유지.	
반달 자세 (오른쪽) 	80	3~5회의 호흡 동안 동작을 유지.	
아래로 향한 개 자세 	38	3~5회의 호흡 동안 동작을 유지.	

	운동	페이지	시간이나 반복횟수	운동 추천과 변형
	전사 자세 2 (왼쪽) 	66	3~5회의 호흡 동안 동작을 유지.	
	역전 전사 자세 (왼쪽) 	68	3~5회의 호흡 동안 동작을 유지.	
	측면을 뻗는 삼각 자세 (왼쪽) 	70	3~5회의 호흡 동안 동작을 유지.	
	반달 자세 (왼쪽) 	80	3~5회의 호흡 동안 동작을 유지.	
	나무 자세 	76	좌우 3~5회의 호흡 동안 동작을 유지.	
자세 변환	선 자세에서 앞으로 구부리면서 한발을 뒤로 내밀면서 무릎 꿇은 자세를 만든다.			

	운동	페이지	시간이나 반복횟수	운동 추천과 변형
마루 운동 (15분)	**크로스 테이블 자세** 	92	좌우 4~6회 반복.	팔과 다리를 교대로 들어주거나 무릎과 팔꿈치를 들어준다.
	플랭크 자세에서 푸시업 	88	6~12회 반복.	무릎이나 발가락으로 체중을 지탱한다.
	등을 펴는 자세 	94	3~5회의 호흡 동안 동작을 유지.	양손을 마루 위에 올려 놓는다.
	플랭크 자세에서 엉덩이 올리기 	86	좌우 4~6회 반복.	
	위로 향한 개 자세 	100	3~5회의 호흡 동안 동작을 유지.	위로 향한 개 자세가 불편하면, 등을 펴는 자세로 지탱한다.
	아래로 향한 개 자세 	38	3~5회의 호흡 동안 동작을 유지.	
	플랭크 자세, 플랭크 자세에서 푸시업, 위로 향한 개 자세, 아래로 향한 개 자세   	82, 88, 100, 38	각 운동마다 1~2회의 호흡.	통제된 방식으로 한 운동에서 다음 운동으로 역동적으로 이동한다.

	운동	페이지	시간이나 반복횟수	운동 추천과 변형
	활 자세 	99	각 운동마다 3~5회의 호흡 동안 동작을 유지.	반 활시위 자세는 완전한 활 자세를 위한 옵션이다.
	와이드 푸시업 플랭크 자세 	89	6~15회 반복.	무릎이나 발가락으로 체중을 지탱한다.
	옆으로 비틀기 자세 	110	좌우 3~5회 반복.	손이나 전완으로 체중을 지탱한다.
	막대 자세에서 롤업하기 	103	4~6회 반복.	
	복부 브레이스 자세 	112	3~5회 반복.	양팔을 머리 뒤로 한다. 몸을 구부리면서 1~2의 호흡 동안 버티고 내려준다.
	복부 브레이스 자세에서 다리 들기 	113	6~10회 반복.	한 다리나 양쪽 다리를 들어준다.
	브릿지 자세 	118	8~10회 반복.	2~를 세는 정도의 리듬으로 올렸다가 내려준다.
	브릿지 자세에서 외회전 	120	8~10회 반복.	2~를 세는 정도의 리듬으로 올렸다가 내려준다.
정리 운동 (10분)	**누운 자세에서 무릎 구부려 스트레칭하기** 	155	3~5회의 호흡 동안 동작을 유지.	
	누운 자세에서 한 무릎 구부려 스트레칭하기 (오른쪽) 	156	3~5회의 호흡 동안 동작을 유지.	

운동	페이지	시간이나 반복횟수	운동 추천과 변형
누운 자세에서 무릎 구부려 스트레칭하기 (오른쪽) 	139	3~5회의 호흡 동안 동작을 유지.	
누운 자세에서 외전근 스트레칭하기 (오른쪽) 	141	3~5회의 호흡 동안 동작을 유지.	
누운 자세에서 내전근 스트레칭하기 (오른쪽) 	140	3~5회의 호흡 동안 동작을 유지.	
누워서 비틀기 자세 (오른쪽) 	133	3~5회의 호흡 동안 동작을 유지.	한쪽 다리를 곧게 펴준다.
그림-4 자세(이상근 스트레칭 자세) (오른쪽) 	142	3~5회의 호흡 동안 동작을 유지.	
누운 자세에서 무릎 구부려 스트레칭하기 	155	3~5회의 호흡 동안 동작을 유지.	
누운 자세에서 한 무릎 구부려 스트레칭하기 (왼쪽) 	156	3~5회의 호흡 동안 동작을 유지.	
누운 자세에서 무릎 구부려 스트레칭하기 (왼쪽) 	139	3~5회의 호흡 동안 동작을 유지.	
누운 자세에서 외전근 스트레칭하기 (왼쪽) 	141	3~5회의 호흡 동안 동작을 유지.	

운동선수를 위한 워크아웃 > 계속

	운동	페이지	시간이나 반복횟수	운동 추천과 변형
	누운 자세에서 내전근 스트레칭하기 (왼쪽) 	140	3~5회의 호흡 동안 동작을 유지.	
	누워서 비틀기 자세 (왼쪽) 	133	3~5회의 호흡 동안 동작을 유지.	한쪽 다리를 곧게 펴준다.
	그림-4 자세 (왼쪽) 	142	3~5회의 호흡 동안 동작을 유지.	
	행복한 아기 자세 	158	3~5회의 호흡 동안 동작을 유지.	
	복부 브레이스 자세 	154	5~10회의 호흡 동안 동작을 유지.	
	점진적인 이완 자세 	159	2~5분 휴식을 한다.	

댄서를 위한 워크아웃

이 운동은 당신 안의 댄서를 위한 것이다. 퓨전 발레 운동은 춤, 요가 및 필라테스 컨디셔닝의 요소를 제공한다. 운동은 지구력, 유연성, 균형 및 근력을 향상시킨다. 이 운동의 본질은 운동의 우아함과 유동성을 운동에 가져오는 것이다. 댄서처럼 사지를 길게 만들어주거나 펴주는데 초점을 맞춘 동작을 연습한다. 퓨전 발레 운동을 일주일에 3–4번 할 수 있다. 퓨전 회복 및 이완 운동과 같이 덜 집중적인 운동으로 이 운동을 보완한다. 피트니스와 기술을 개발할 때 운동의 템포를 높이고 4~7장의 퓨전 연습에서보다 까다로운 변형을 선택한다.

의도 : 이 운동이 어려울지라도 운동을 편안하고 우아하게 끝내기 위해 노력한다. 내 안의 댄서를 만나보자.

	운동	페이지	시간이나 반복횟수	운동 추천과 변형
준비 운동 (10분)	**팔을 들어 올린 산 자세** 	42	3~4회 반복.	
	산 자세에서 옆으로 구부리기 	43	좌우 3~4회 반복.	
	동적 4 점 스트레칭하기 	146	3~4회 반복.	페이스를 조절하면서 움직인다.

	운동	페이지	시간이나 반복횟수	운동 추천과 변형
	앞으로 구부려 네발서기 	41	3~4회 반복.	리듬을 조절하면서 척추의 커브를 구부려 내려주고 올려준다.
	태양 경배 자세 1 	45	2~3회 반복.	
	태양 경배 자세 2 	46	2~3회 반복.	
	태양 경배 자세 3 	47	2~3회 반복.	
자세 변환	산 자세에서, 한발을 바깥으로 벌려서 발레 스쿼트 자세를 만든다.			
선 자세 운동 (20분)	발레 스쿼트 자세 	58	8~12회 반복.	

운동	페이지	시간이나 반복횟수	운동 추천과 변형
발레 스쿼트 자세에서 발 뒤꿈치 들기 자세 	59	8~12회 반복.	발레 스쿼트 자세를 유지하고 교대로 발 뒤꿈치를 들어준다.
런지 자세 (오른쪽) 	60	8~12회 반복.	발레 스쿼트 자세에서 얼굴을 돌려 런지 자세를 만든다. 런지 자세에서 2~를 세는 정도로 속도를 조절해가면서 내려갔다가 일어선다.
발레 스쿼트 자세 	58	8~12회 반복.	
발레 스쿼트 자세에서 발 뒤꿈치 들기 자세 	59	8~12회 반복.	발레 스쿼트 자세를 유지하고 교대로 발 뒤꿈치를 들어준다.
런지 자세 (왼쪽) 	60	8~12회 반복.	발레 스쿼트 자세에서 얼굴을 돌려 런지 자세를 만든다. 런지 자세에서 2~를 세는 정도로 속도를 조절해가면서 내려갔다가 일어선다.
무릎 구부려 인사하는 스쿼트 자세 (오른쪽) 	57	8~12회 반복.	

운동	페이지	시간이나 반복횟수	운동 추천과 변형
무릎 구부려 인사하는 스쿼트 자세 (오른쪽) 	57	8~12회 반복.	회전을 하면서 운동을 수행한다.
옆으로 구부리기 자세 (오른쪽) 	74	3~5회의 호흡 동안 동작을 유지.	
무릎 구부려 인사하는 스쿼트 자세 (왼쪽) 	57	8~12회 반복.	
무릎 구부려 인사하는 스쿼트 자세 (왼쪽) 	57	8~12회 반복.	회전을 하면서 운동을 수행한다.
옆으로 구부리기 자세 (왼쪽) 	74	3~5회의 호흡 동안 동작을 유지.	

운동	페이지	시간이나 반복횟수	운동 추천과 변형
한발 서기 균형 자세에서 런지 자세 (오른쪽)  	72, 60	8~12회 반복.	한발 서기 균형 자세에서 한발을 뒤로 내밀면서 런지 자세를 만들고 무릎 균형을 맞추면서 되돌아 간다.
런지 자세에서 비틀기 (오른쪽) 	62	3~5회의 호흡 동안 동작을 유지.	
한발 서기 균형 자세, 런지 자세 (왼쪽)  	72, 60	8~12회 반복.	한발 서기 균형 자세에서 한발을 뒤로 내밀면서 런지 자세를 만들고 무릎 균형을 맞추면서 되돌아 간다.
런지 자세에서 비틀기 (왼쪽) 	62	3~5회의 호흡 동안 동작을 유지.	

	운동	페이지	시간이나 반복횟수	운동 추천과 변형
	무릎 구부려 인사하는 스쿼트 자세에서 발레 스쿼트 자세 (오른쪽)  	57, 58	8~12회 반복.	무릎 구부려 인사하는 스쿼트 자세에서 한발을 바깥으로 벌려 발레 스쿼트 자세를 만들고 다시 돌아와서무릎 구부려 인사하는 스쿼트 자세로 돌아오는 것을 반복한다.
	무릎 구부려 인사하는 스쿼트 자세에서 발레 스쿼트 자세 (왼쪽)  	57, 58	8~12회 반복.	무릎 구부려 인사하는 스쿼트 자세에서 한발을 바깥으로 벌려 발레 스쿼트 자세를 만들고 다시 돌아와서 무릎 구부려 인사하는 스쿼트 자세로 돌아오는 것을 반복한다.
	나무 자세 	76	3~5회의 호흡 동안 동작을 유지.	
자세 변환	**선 자세에서 앞으로 구부리면서 한발을 뒤로 내밀면서 무릎 꿇은 자세를 만든다.**			
마루 운동 (25분)	**크로스 테이블 자세** 	92	각 운동별로 4~6회 반복.	팔과 다리를 교대로 들어 올리거나 무릎을 팔꿈치로 가져간다. 다리와 교차되게 수행한다.
	평영 자세 	96	4~6회 반복.	

운동	페이지	시간이나 반복횟수	운동 추천과 변형
엎드려 엉덩이 신전 자세 	98	4~6회 반복.	다리를 곧게 편 상태나 다양하게 구부렸다가 펴는 자세로 수행한다.
활 자세 	99	3~5회의 호흡 동안 동작을 유지.	
앞으로 구부려 네발서기 	123	3~5회의 호흡 동안 동작을 유지.	다음 운동을 하기 전에 앞으로 구부린 자세에서 휴식을 취해준다.
V-앉기 자세 (보트 자세)  	104	3~5회의 호흡 동안 동작을 유지.	다리를 구부려주고, 펴주거나 교차시켜주면서 마루에서 들어 올려준다
역 테이블 자세 	105	3~5회의 호흡 동안 동작을 유지.	앉은 자세로 전환할 때 사용한다.
막대 자세에서 롤업하기 	103	4~6회 반복.	
구부리기와 스트레칭  	114	4~6회 반복.	
한 다리 스트레칭 자세 	116	좌우 6~10회 반복.	
교차 자세 	117	좌우 6~10회 반복.	
옆으로 구부리기 자세 (오른쪽) 	109	3~5회 반복.	

	운동	페이지	시간이나 반복횟수	운동 추천과 변형
	옆으로 비틀기 자세 (오른쪽) 	110	3~5회 반복.	
	옆으로 구부리기 자세 (왼쪽) 	109	3~5회 반복.	
	옆으로 비틀기 자세 (왼쪽) 	110	3~5회 반복.	
	브릿지 자세에서 다리들기  	119	8~10회 반복.	무릎을 구부리거나 다리를 곧게 편 채 다양하게 수행한다.
	브릿지 자세에서 외회전 	120	8~10회 반복.	2~를 세는 정도의 리듬으로 올려주었다가 내려준다.
자세 변환	**앞으로 구부린 자세에서 무릎 꿇은 자세로 바꾼다.**			
정리 운동 (8분)	**무릎 꿇은 자세에서 옆으로 구부리기** 	150		
	비둘기 자세 	137		

운동	페이지	시간이나 반복횟수	운동 추천과 변형
앉아서 전방 구부리기 자세 	123	3~5회의 호흡 동안 동작을 유지.	
넓게 다리 벌려 앉은 자세에서 전방 구부리기 자세 (악어 자세) 	124	3~5회의 호흡 동안 동작을 유지.	
앉아서 옆 구부리기 자세 	149	좌우 3~5회의 호흡 동안 동작을 유지.	
앉아서 비틀기 자세 	128	좌우 3~5회의 호흡 동안 동작을 유지.	
나비 자세 	138	3~5회의 호흡 동안 동작을 유지.	
누운 자세에서 무릎 구부려 스트레칭하기 (오른쪽) 	139	3~5회의 호흡 동안 동작을 유지.	
누운 자세에서 외전근 스트레칭하기 (오른쪽) 	141	3~5회의 호흡 동안 동작을 유지.	
누운 자세에서 내전근 스트레칭하기 (오른쪽) 	140	3~5회의 호흡 동안 동작을 유지.	
누운 자세에서 무릎 구부려 스트레칭하기 	155	3~5회의 호흡 동안 동작을 유지.	

운동	페이지	시간이나 반복횟수	운동 추천과 변형
누운 나비 자세 	157	3~5회의 호흡 동안 동작을 유지.	
누운 자세에서 무릎 구부려 스트레칭하기(왼쪽) 	139	3~5회의 호흡 동안 동작을 유지.	
누운 자세에서 외전근 스트레칭하기 (왼쪽) 	141	3~5회의 호흡 동안 동작을 유지.	
누운 자세에서 내전근 스트레칭하기 (왼쪽) 	140	3~5회의 호흡 동안 동작을 유지.	
누운 자세에서 무릎 구부려 스트레칭하기 	155	3~5회의 호흡 동안 동작을 유지.	
누운 나비 자세 	157	3~5회의 호흡 동안 동작을 유지.	
휴식 자세 	159	2~5분 동안 휴식.	긴장을 풀어주고 마루에 몸을 맡긴다. 등 부위가 바닥에 빨려 들어가는 듯 한 것을 느껴본다. 몸의 앞쪽을 열고 호흡이 내 몸 안으로 자유롭게 움직일 수 있도록 한다.

필라테스 코어를 위한 워크아웃

필라테스 코어 운동은 코어를 강화하고 정의하며 조정을 향상시킨다. 이 컨디셔닝, 요가 및 필라테스 운동의 독특한 조화는 코어에 도전하고 운동을 제어하고 힘을 생성하는 능력을 향상시킨다. 필라테스 코어 운동은 도전적이다. 진행할 시간을 주고 필요에 따라 운동을 하면서 휴식을 취한다. 일주일에 2~4번 운동한다. 이 연습에서 진전을 이루려면 4장에서 7까지 퓨전 연습에서보다 다양한 변형을 추가한다.

의도 : 가장 깊은 코어 근육에서 바깥쪽의 가장 강한 근육까지 코어 층에 집중한다. 이 운동을 하는 동안 3D 호흡 기술을 사용하여 코어 근육을 활성화한다.

	운동	페이지	시간이나 반복횟수	운동 추천과 변형
준비 운동 (10분)	3D 호흡 기법 	20	1분.	호흡을 통하여 내 마음과 몸에 집중한다.
	팔을 들어 올린 산 자세 	42	3~4회 반복.	
	산 자세에서 옆으로 구부리기 	43	좌우 3~4회 반복.	

운동	페이지	시간이나 반복횟수	운동 추천과 변형
동적 4 점 스트레칭하기 	146	3~4회 반복.	페이스를 조절하면서 움직인다.
앞으로 구부려 네발서기 	41	3~4회 반복.	리듬을 천천히 조절하면서 척추의 커브를 구부려 내려주고 올려준다.
태양 경배 자세 1 	45	2~3회 반복.	
태양 경배 자세 2 	46	2~3회 반복.	
햄스트링 이완을 위한 런지 	34	좌우 2~3회 반복.	페이스를 조절하면서 움직인다.

	운동	페이지	시간이나 반복횟수	운동 추천과 변형
자세 변환	**런지 자세에서 한 발을 들어 올려 선 자세를 만든다.**			
선 자세 운동 (20분)	**한발 서기 균형 자세에서 런지 자세**  	72, 60	좌우 8~12회 반복.	한발 서기 균형 자세에서 한 다리를 뒤로 내밀면서 런지 자세를 만들고 무릎으로 균형을 잡아주면서 되돌아온다. 2~를 세는 정도로 속도를 조절해가면서 내려갔다가 일어선다.
	사이드 균형 자세 	74	좌우 3~5회의 호흡 동안 동작을 유지.	
	무릎 구부려 인사하는 스쿼트 자세 (오른쪽) 	57	8~10회 반복.	무릎 구부려 인사하는 스쿼트 자세에서 회전을 해준다. 양쪽 다양하게 8~10회 완전하게 반복한다.
	무릎 구부려 인사하는 스쿼트 자세 (왼쪽) 	57	8~10회 반복.	무릎 구부려 인사하는 스쿼트 자세에서 회전을 해준다. 양쪽 다양하게 8~10회 완전하게 반복한다.

운동	페이지	시간이나 반복횟수	운동 추천과 변형
초승달 런지 자세에서 전사 자세 3 (오른쪽) 	64, 78	3~5회 반복.	초승달 런지 자세에서 한 다리를 뒤로 내밀면서 전사 자세를 만들고 2~4를 세는 정도의 리듬으로 초승달 런지 자세로 되돌아 온다.
전사 자세 3 (오른쪽) 	78	3~5회의 호흡 동안 동작을 유지.	전사 자세 3을 유지하고 양팔을 수영 자세로 움직인다.
초승달 런지 자세에서 전사 자세 3 (왼쪽) 	64, 78	3~5회 반복.	초승달 런지 자세에서 한 다리를 뒤로 내밀면서 전사 자세를 만들고 2~4를 세는 정도의 리듬으로 초승달 런지 자세로 되돌아 온다.
전사 자세 3 (왼쪽) 	78	3~5회의 호흡 동안 동작을 유지.	전사 자세 3을 유지하고 양팔을 수영 자세로 움직인다.
발레 스쿼트 자세 	58	8~10회 반복.	뒤꿈치 들어 올려주는 동작을 더 해줄 수 있다.

	운동	페이지	시간이나 반복횟수	운동 추천과 변형
자세 변환	선 자세에서 앞으로 구부리면서 한발을 뒤로 내밀면서 플랭크 자세를 만든다.			
마루 운동 (25분)	**플랭크 자세** 	82	3~5회의 호흡 동안 동작을 유지.	
	플랭크 자세에서 다리 들어 올리기 	83	좌우 6~8회 반복.	무릎이나 발가락으로 체중을 지탱한다. 다리를 교대로 들어준다.
	플랭크 자세에서 푸시업 	88	4~8회 반복.	무릎이나 발가락으로 체중을 지탱한다.
	플랭크 자세에서 구부리기 (오른쪽) 	84	3~4회 반복.	
	플랭크 자세에서 구부리기 (왼쪽) 	84	3~4회 반복.	
	아기 자세 	29	3~5회의 호흡 동안 동작을 유지.	이 운동을 하는 동안 휴식을 취한다.
	크로스 테이블 자세 	92	각 운동마다 3~5회의 호흡 동안 동작을 유지.	팔과 다리를 교대로 들어주고 무릎과 반대쪽의 팔꿈치가 닿게 한다.
	수영 자세 	95	4~6회 반복.	
	평영 자세 	96	4~6회 반복.	
	옆으로 구부리기 자세 (오른쪽) 	109	3~6회 반복.	
	옆으로 비틀기 자세 (오른쪽) 	110	3~6회 반복.	

운동	페이지	시간이나 반복횟수	운동 추천과 변형
옆으로 구부리기 자세 (왼쪽) 	109	3~6회 반복.	
옆으로 비틀기 자세 (왼쪽) 	110	3~6회 반복.	
하프 롤 백  	102	6~10회 반복.	
하프 롤 백  	102	좌우 6~10회 반복.	경사지게 수행한다.
막대 자세에서 롤업하기 	103	3~6회 반복.	
옆으로 누운 자세에서 다리 들기 (오른쪽) 	107	4~6회 반복.	
옆으로 누운 자세에서 다리로 원 그리기 (오른쪽) 	108	4~6회 반복.	
옆으로 누운 자세에서 다리 들기 (왼쪽) 	107	4~6회 반복.	
옆으로 누운 자세에서 다리로 원 그리기 (왼쪽) 	108	4~6회 반복.	
복부 브레이스 자세 	112	3~4회 반복.	양손을 머리 뒤에 둔다. 구부려주면서, 1~2회의 호흡 동안 동작을 유지하고 내려준다.

	운동	페이지	시간이나 반복횟수	운동 추천과 변형
	구부리기와 스트레칭  	114	좌우 6~8회 반복	
	한 다리 스트레칭 자세 	116	좌우 6~8회 반복	
	교차 자세 	117	좌우 6~8회 반복	
	브릿지 자세에서 다리들기  	119	4~6회 반복	무릎을 구부리거나 다리를 곧게 편 채로 수행한다.
자세 변환	무릎 꿇은 자세로 돌아온다.			
정리 운동 (5분)	강아지 자세 	126	3~5회의 호흡 동안 동작을 유지.	
	등을 펴는 자세로 지지하기 	144	3~5회의 호흡 동안 동작을 유지.	
	무릎 꿇은 자세에서 비틀기 	130	좌우 3~5회의 호흡 동안 동작을 유지.	

필라테스 코어를 위한 워크아웃 > 계속

운동	페이지	시간이나 반복횟수	운동 추천과 변형
실과 바늘 자세 (고양이 자세에서 비틀기 자세) 	132	좌우 3~5회의 호흡 동안 동작을 유지.	
무릎 꿇은 자세에서 옆으로 구부리기 	150	좌우 3~5회의 호흡 동안 동작을 유지.	
비둘기 자세 	137	좌우 3~5회의 호흡 동안 동작을 유지.	
앉아서 전방 구부리기 자세 	123	3~5회의 호흡 동안 동작을 유지.	
넓게 다리 벌려 앉은 자세에서 전방 구부리기 자세 (악어 자세) 	124	3~5회의 호흡 동안 동작을 유지.	
교차된 다리에서 앉은 자세 트위스트 	129	좌우 3~5회의 호흡 동안 동작을 유지.	
나비 자세 	138	3~5회의 호흡 동안 동작을 유지.	
앉아서 옆 구부리기 자세 	149	좌우 3~5회의 호흡 동안 동작을 유지.	
행복한 아기 자세 	158	5~10회의 호흡 동안 동작을 유지.	

요가와 필라테스의 조화를 위한 워크아웃

이 운동은 힘, 균형, 안정성 및 유연성을 구축하기 위해 요가와 필라테스의 완벽한 조화를 사용한다. 요가에서 서 있는 운동은 힘과 체력을 키우며 필라테스는 코어에 집중한다. 이 운동은 효율적인 운동에서 요가와 필라테스의 장점을 모두 제공한다. 퓨전 요가 – 필라테스 혼합 운동을 일주일에 3–4회 하고 10장의 퓨전 복원 및 이완 운동으로 보완해야 한다. 이 운동의 강도를 높이려면 운동 반복을 더 추가하고 정적 운동을 오래 유지한다. 휴식이 필요할 때 몸을 들어 휴식을 취한다.

의도 : 이상적으로, 이동성과 안정성이 완벽하게 균형을 이루게 한다. 이 운동의 연습을 통해 균형을 찾을 수 있다. 긴장감과 이동성이 없는 곳을 관찰하고 이것이 안정성에 어떤 영향을 미치는지 평가한다. 긴장감이나 이동성이 부족할 때 안정화 능력이 영향을 받는 경우가 많다. 누구나 신체 불균형에 시달리고 있다.

	운동	페이지	시간이나 반복횟수	운동 추천과 변형
준비 운동 (10분)	**3D 호흡 기법** 	13	1분	호흡을 하면서 내 마음과 몸에 집중한다.
	아기 자세 	29	3~5회의 호흡 동안 동작을 유지.	
	아래로 향한 개 자세 	38	3~5회의 호흡 동안 동작을 유지.	
	동적 4점 스트레칭하기 	146	3~4회 반복.	페이스를 조절하면서 움직여준다.
	앞으로 구부려 네발서기 	41	3~5회의 호흡 동안 동작을 유지.	

	운동	페이지	시간이나 반복횟수	운동 추천과 변형
	태양 경배 자세 1 	45	2~3회 반복.	
	태양 경배 자세 2 	46	2~3회 반복.	
	태양 경배 자세 3 	47	2~3회 반복.	
자세 변환	**선 자세에서 한발을 뒤로 내밀면서 런지 자세를 만든다.**			
선 자세 운동 (20분)	**런지 자세 (오른쪽)** 	60	8~12회 반복.	2~를 세는 정도의 리듬으로 내려갔다가 일어선다.
	초승달 런지 자세 (오른쪽) 	64	3~5회의 호흡 동안 동작을 유지.	

운동	페이지	시간이나 반복횟수	운동 추천과 변형
태양 경배 자세 2 	46	각 동작마다 1~2회의 호흡.	이 4가지의 운동을 역동적으로 자연스럽게 한다. 아래로 향한 개 자세에서 한 발을 내밀어서 런지 자세를 만든다.
런지 자세 (왼쪽) 	60	8~10회 반복.	2~를 세는 정도의 리듬으로 내려갔다가 일어선다.
초승달 런지 자세 (왼쪽) 	64	3~5회의 호흡 동안 동작을 유지.	
태양 경배 자세 2 	46	각 동작마다 1~2회의 호흡.	이 4가지의 운동을 역동적으로 자연스럽게 한다. 아래로 향한 개 자세에서 한 발을 내밀어서 전사 자세 2를 만든다.
전사 자세 2 (오른쪽) 	66	3~5회의 호흡 동안 동작을 유지.	

운동	페이지	시간이나 반복횟수	운동 추천과 변형
역전 전사 자세 (오른쪽) 	68	3~5회의 호흡 동안 동작을 유지.	
측면을 뻗는 삼각 자세 (오른쪽) 	70	3~5회의 호흡 동안 동작을 유지.	
반달 자세 (오른쪽) 	80	3~5회의 호흡 동안 동작을 유지.	
태양 경배 자세 2 	46	각 동작마다 1~2회의 호흡.	이 4가지의 운동을 역동적으로 자연스럽게 한다. 아래로 향한 개 자세에서 한 발을 내밀어서 전사 자세 2를 만든다.
전사 자세 2 (왼쪽) 	66	3~5회의 호흡 동안 동작을 유지.	

운동	페이지	시간이나 반복횟수	운동 추천과 변형
역전 전사 자세 (왼쪽) 	68	3~5회의 호흡 동안 동작을 유지.	
측면을 뻗는 삼각 자세 (왼쪽) 	70	3~5회의 호흡 동안 동작을 유지.	
반달 자세 (왼쪽) 	80	3~5회의 호흡 동안 동작을 유지.	
태양 경배 자세 2 	46	각 동작마다 1~2회의 호흡.	이 4가지의 운동을 역동적으로 자연스럽게 한다. 아래로 향한 개 자세에서 한 발을 내밀어서 전사 자세 1을 만든다.
전사 자세 1 (오른쪽) 	65	3~5회의 호흡 동안 동작을 유지.	

운동	페이지	시간이나 반복횟수	운동 추천과 변형
런지 자세에서 비틀기 (오른쪽) 	62	3~5회의 호흡 동안 동작을 유지.	한 발을 뒤로 내밀면서 사이드 플랭크 자세를 만든다.
태양 경배 자세 2 	46	각 동작마다 1~2회의 호흡.	이 4가지의 운동을 역동적으로 자연스럽게 한다. 아래로 향한 개 자세에서 한 발을 내밀어서 전사 자세 1을 만든다.
전사 자세 1 (왼쪽) 	65	3~5회의 호흡 동안 동작을 유지.	
런지 자세에서 비틀기 (왼쪽) 	62	3~5회의 호흡 동안 동작을 유지.	한 발을 뒤로 내밀면서 사이드 플랭크 자세를 만든다.
스쿼트 자세 	50	8~10회 반복.	

	운동	페이지	시간이나 반복횟수	운동 추천과 변형
	나무 자세 	76	좌우 3~5회의 호흡 동안 동작을 유지.	양팔을 머리 위로 올린다.
자세 변환	**선 자세에서 앞으로 구부리면서 한발을 뒤로 내밀면서 플랭크 자세를 만든다.**			
마루 운동 (25분)	**플랭크 자세** 	82	3~5회의 호흡 동안 동작을 유지.	
	플랭크 자세에서 푸시업 	88	좌우 6~8회 반복.	무릎이나 발가락으로 체중을 지탱한다.
	등을 펴는 자세 	94	4~6회 반복.	
	옆으로 누운 자세에서 다리 들기 (오른쪽) 	107	8~10회 반복.	
	옆으로 누운 자세에서 다리로 원 그리기 (오른쪽) 	108	8~10회 반복.	
	옆으로 누운 자세에서 다리 들기 (왼쪽) 	107	8~10회 반복.	
	옆으로 누운 자세에서 다리로 원 그리기 (왼쪽) 	108	8~10회 반복.	
	활 자세 	99	각 운동마다 4~6회 반복.	반쪽 활 자세나 전체 활 자세를 변형해서 수행한다.

	운동	페이지	시간이나 반복횟수	운동 추천과 변형
	옆으로 비틀기 자세 	110	좌우 4~6회 반복.	
	앉아서 전방 구부리기 자세 	123	3~5회의 호흡	
	V-앉기 자세 (보트 자세)  	104	3~5회의 호흡, 2회 반복	다리를 구부거나 곧게 펴주고 바닥에서 들어 올려준다.
	역 테이블 자세 	105	3~5회의 호흡, 2회 반복	
	막대 자세에서 롤업하기 	103	4~6회 반복.	
	복부 브레이스 자세에서 다리 들기 	113	좌우 6~10회 반복.	
	교차 자세 	117	좌우 6~10회 반복.	
	브릿지 자세에서 다리들기  	119	좌우 4~6회 반복.	다리를 구부거나 곧게 펴주고 바닥에서 들어 올려준다. 페이스를 조절하면서 올려주거나 내려준다.
자세 변환	앉은 자세로 돌아온다.			

	운동	페이지	시간이나 반복횟수	운동 추천과 변형
정리 운동 (8분)	다리 교차하여 앉은 자세에서 전방 구부리기 	125	3~5회의 호흡 동안 동작을 유지.	
	교차된 다리에서 앉은 자세 트위스트 	129	좌우 3~5회의 호흡 동안 동작을 유지.	
	앉아서 전방 구부리기 자세 	123	3~5회의 호흡 동안 동작을 유지.	
	소 머리 자세 	145	좌우 3~5회의 호흡 동안 동작을 유지.	
	누운 자세에서 한 무릎 구부려 스트레칭하기(오른쪽) 	156	3~5회의 호흡 동안 동작을 유지.	
	누운 자세에서 무릎 구부려 스트레칭하기 (오른쪽) 	139	3~5회의 호흡 동안 동작을 유지.	
	그림-4 자세 (이상근 스트레칭 자세) (오른쪽) 	142	3~5회의 호흡 동안 동작을 유지.	
	누운 자세에서 한 무릎 구부려 스트레칭하기 (왼쪽) 	156	3~5회의 호흡 동안 동작을 유지.	
	누운 자세에서 무릎 구부려 스트레칭하기 (왼쪽) 	139	3~5회의 호흡 동안 동작을 유지.	

	운동	페이지	시간이나 반복횟수	운동 추천과 변형
	그림-4 자세 (이상근 스트레칭 자세) (왼쪽) 	142	3~5회의 호흡 동안 동작을 유지.	
	휴식 자세 	159	2~5분 휴식.	사려 깊은 명상을 위해 노력한다. 기쁨을 느끼게 하는 단어를 선택한다. 당신의 말과 그것이 만들어내는 시각적 이미지에 집중한다. 당신의 말은 평화, 사랑, 감사, 행복, 미소, 성취이거나 당신이 원하는 모든 것이다. 이걸 당신의 인생에 가져오세요!

부록 A
퓨전 워크아웃 만들기
(Building a Ffusion Workout)

퓨전 워크아웃 디자인 템플릿은 자신 만의 퓨전 워크아웃을 만들 수 있도록 제공된다. 퓨전 운동 연습에 자신감을 갖게 되면 퓨전 운동 5 단계 시스템을 사용하여 운동을 시작한다.

워밍업, 서 있기 연습, 바닥 운동, 진정 및 회복 운동을 위한 책에 나온 해당 장으로 돌아가서 운동을 위해 할 일을 선택하기만 하면 된다. 빈칸으로 이루어진 퓨전 운동 템플릿에서 운동 선택, 기간 및 반복을 입력한다. 귀하가 선택한 운동 횟수는 귀하의 기술 수준, 체력, 가능한 시간 및 운동 선호도에 따라 결정된다. 운동을 하는 시간이나 반복 횟수는 어려운 운동이든 회복력이 좋은 운동이든, 성취하고자하는 목표에 따라 운동 의도에 따라 다르다. 즉, 자신에게 도전하고 싶다면 충분한 반복을 완료하거나 근육 피로를 느낄 만큼 운동을 오래 해야 한다. 당신의 목표가 회복하는 것이라면, 서 있기와 바닥 강도, 균형, 유연성에서 더 적은 연습 문제를 선택하고 진정 및 회복 영역에서 더 많은 연습을 선택한다.

일반적인 지침으로 워밍업을 위한 4~5회의 운동을 선택하거나 퓨전 태양신 숭배 자세, 서 있기와 바닥 강도, 균형 및 유연성을 위한 5~8회 운동 및 진정 작용과 회복 운동의 4~5회 연습으로 마무리한다. 템포, 반복 횟수 및 유지 길이를 변경하여 적절한 운동을 제공한다.

창의력을 발휘하고 다양한 운동 조합을 시도하거나 아이디어를 위해 제공된 퓨전 운동을 사용하고 다양한 운동을 추가하거나 변경하여 다양성을 향상시킨다. 예를 들어, 피트니스 런지를 10회 반복하고 요가 초승달 런지를 오른쪽 다리에 5회 깊은 호흡을 하고, 요가 전사로 3회 호흡을 하며 피트니스 스쿼트를 10회 반복한다.

피트니스 런지 (fitness lunges)부터 시작하여 왼쪽에서 일련의 연습을 반복한다. 퓨전 운동 옵션은 끝이 없다. 운동을 즐기며 즐거운 시간을 보내고 언제나 안전하다는 것을 잊지 않는다. 통증이 없는 운동 범위 내에서 이동하고 적절한 운동을 선택한다. 선택한 반복 횟수는 도전적이어야 하지만 소모적이어서는 안된다. 운동을 할 때 3D 호흡을 사용하는 것을 잊지 않는다.

퓨전 운동 5 단계 시스템 워크아웃 템플릿

의도 :

	운동	페이지	시간이나 반복횟수	운동 추천과 변형
준비 운동 (5분)				
자세 변환				
선 자세 운동 (10분)				
자세 변환				

	운동	페이지	시간이나 반복횟수	운동 추천과 변형
마루 운동 (10분)				
자세 변환				
정리 운동 (5분)				

부록 B
주간 운동 계획 샘플
(Sample Weekly Fusion Workout Plans)

퓨전 운동 계획 샘플은 6주 동안 진행되는 매주 운동을 제안한다. 운동은 의도적으로 운동 습관을 만들기 위해 매일 수행되며 힘들거나 쉬운 운동 일 사이에 균형을 이루게 한다. 운동과 워크아웃에 익숙 지려면 각 진행의 첫 번째 주를 실시해 본다. 두 번째 주에는 기술, 마음가짐 또는 퓨전 연습의 고급 버전을 향상시키기 위해 스스로에게 도전한다. 6주 과정을 모두 마치면 3주에서 4주로 돌아가거나 다음 단계로 넘어갈 수 있다.

초보자 (Beginner)

초급 단계에서 호흡 인식 및 3D 호흡으로 각 운동을 시작한다. 수업 과정은 또한 주 1과 2주 동안 주당 2~3회 간단한 중재를 연습한다. 3, 4주 동안 주당 3-4회; 5주와 6주에 일주일에 4-5회. 이것은 운동 전후에 또는 별도의 시간에 실시할 수 있다.

초보자 1~2주

월요일	Pg.164	시작 워크아웃
화요일	Pg.186	20분 워크아웃
수요일	Pg.241	완화 및 이완 워크아웃
목요일	Pg.164	시작 워크아웃
금요일	Pg.186	20분 워크아웃
토요일	Pg.241	완화 및 이완 워크아웃
일요일	Pg.206	코어 컨디셔닝 워크아웃

초보자 3~4주

월요일	Pg.164	시작 워크아웃
화요일	Pg.224	상체 컨디셔닝 워크아웃
수요일	Pg.232	하체 컨디셔닝 워크아웃
목요일	Pg.241	완화 및 이완 워크아웃
금요일	Pg.206	진화된 워크아웃
토요일	Pg.186	20분 워크아웃
일요일	Pg.241	완화 및 이완 워크아웃

초보자 5~6주

월요일	Pg.169	진화된 워크아웃
화요일	Pg.241	완화 및 이완 워크아웃
수요일	Pg.206	코어 컨디셔닝 워크아웃
목요일	Pg.224	상체 컨디셔닝 워크아웃
금요일	Pg.257	발레 워크아웃
토요일	Pg.241	완화 및 이완 워크아웃
일요일	Pg.186	20분 워크아웃

중급 (Intermediate)

중급 수준에서 호흡 인식 및 3D 호흡 운동으로 각 운동을 시작한다. 1, 2주 동안 주당 2~3회 간단한 중재를 연습한다. 주 3, 4주 동안 주당 3-4회; 5주와 6주에 일주일에 4-5회.

중급자 1~2주

요일	페이지	워크아웃
월요일	Pg.169	진화된 워크아웃
화요일	Pg.206	코어 컨디셔닝 워크아웃
수요일	Pg.191	40분 워크아웃
목요일	Pg.241	완화 및 이완 워크아웃
금요일	Pg.275	요가와 필라테스가 조화를 이룬 워크아웃
토요일	Pg.169	진화된 워크아웃
일요일	Pg.241	완화 및 이완 워크아웃

중급자 3~4주

요일	페이지	워크아웃
월요일	Pg.191	40분 워크아웃
화요일	Pg.169	진화된 워크아웃
수요일	Pg.257	발레 워크아웃
목요일	Pg.241	완화 및 이완 워크아웃
금요일	Pg.224	상체 컨디셔닝 워크아웃
토요일	Pg.232	하체 컨디셔닝 워크아웃
일요일	Pg.241	완화 및 이완 워크아웃

중급자 5~6주

요일	페이지	워크아웃
월요일	Pg.216	전신 컨디셔닝 워크아웃
화요일	Pg.267	필라테스 코어 워크아웃
수요일	Pg.191	40분 워크아웃
목요일	Pg.241	완화 및 이완 워크아웃
금요일	Pg.275	요가와 필라테스가 조화를 이룬 워크아웃
토요일	Pg.169	진화된 워크아웃
일요일	Pg.241	완화 및 이완 워크아웃

상급자 (Advanced)

고급 수준에서 호흡 인식 및 3D 호흡 운동으로 각 운동을 시작한다. 1,2주 동안 주당 2~3회 간단한 중재를 연습한다. 주 3, 4주 동안 주당 3-4회; 5주와 6주에 일주일에 4-5회.

상급자 1~2주

월요일	Pg.174	도전적인 워크아웃
화요일	Pg.267	필라테스 코어 워크아웃
수요일	Pg.196	60분 워크아웃
목요일	Pg.257	발레 워크아웃
금요일	Pg.241	완화 및 이완 워크아웃
토요일	Pg.216	전신 컨디셔닝 워크아웃
일요일	Pg.206	코어 컨디셔닝 워크아웃

상급자 3~4주

월요일	Pg.248	운동선수를 위한 워크아웃
화요일	Pg.275	요가와 필라테스가 조화를 이룬 워크아웃
수요일	Pg.196	60분 워크아웃
목요일	Pg.241	워크아웃
금요일	Pg.216	전신 컨디셔닝 워크아웃
토요일	Pg.174	도전적인 워크아웃
일요일	Pg.267	필라테스 코어 워크아웃

상급자 5~6주

월요일	Pg.216	전신 컨디셔닝 워크아웃
화요일	Pg.267	발레 워크아웃
수요일	Pg.174	도전적인 워크아웃
목요일	Pg.196	60분 워크아웃
금요일	Pg.267	필라테스 코어 워크아웃
토요일	Pg.248	운동선수 워크아웃
일요일	Pg.241	완화 및 이완 워크아웃

저자 정보 (About the Author)

헬렌 밴더 버그 (Helen Vanderburg, BPE)는 Heavens Elevated Fitness, Yoga and Spin Studio의 소유자이자 Fusion Fitness Training ™의 제작자 및 프로그램 개발자이다. 1982 년에 피트니스에서 경력을 쌓고 그룹 피트니스 강사, 요가 교사, 필라테스 교사, 개인 트레이너 및 교육자로서의 경험을 통해 그녀는 피트니스 업계의 혁신적인 인물이다. 그녀는 2000년부터 퓨전 운동과 퓨전 피트니스 훈련에 대한 강사를 가르치고 교육했다.

Vanderburg는 지역, 국가 및 국제 행사에서 존경받는 지도자이자 컨퍼런스 강연자이다. 매년 20회 이상의 컨퍼런스를 개최한다. Vanderburg는 운동 과학 물리 교육 학사 학위를 취득했으며 요가, 필라테스, TRX, ACE 그룹 피트니스 및 여러 가지 canfitpro 피트니스 분야에서 인증을 받았다. 그녀는 2005년 IDEA 강사, 1996년, 2006년, 2013년, 2015년의 올해의 발표자를 포함하여 수많은 산업 상을 수상했다. 그녀는 컨설턴트, 교육 개발자 및 세계에서 가장 많이 활동하는 대변인이기도 하다. Schwinn Cycling, BOSU, Total Gym 등의 영향력 있는 피트니스 회사이며 이전에는 Nike 및 Lululemon Athletica와 컨설팅을 했다. 그녀는 Fitness, Self, Chatelaine, Flare 및 The Calgary Herald 등 수많은 잡지 및 신문의 피트니스 칼럼니스트로 일했다. Vanderburg는 피트니스 및 스포츠에 대한 평생의 열정을 가지고 있다.

1973년, 그녀는 수중 발레에서 캐나다의 주니어 챔피언이 되었다. 1978년 베를린 세계 수영 선수권 대회에서 그녀는 솔로 및 듀엣 부문에서 모두 금메달을 획득했다. 다음 3년 동안 Vanderburg는 무적이었다. 1978년과 1979년 그녀는 Elaine Tanner Trophy를 받았고 1979 년 그녀는 올해의 캐나다 여성 운동 선수로 지명되었다. 1980년 하계 올림픽을 모스크바에서 거부했기 때문에 세계 챔피언은 첫 번째 올림픽 게임에서 수중발레를 할 수 없었다. 그녀는 1983년 캐나다 스포츠 명예의 전당에 입성했으며 1985년에는 국제 수영 명예의 전당에 입성했다. Vanderburg는 남편과 딸 두 명과 함께 캘거리에 살고 있다.
그녀는 여전히 건강한 삶을 살면서 가족과 사업을 마술같이 하는 것이 어떤 것인지 알고 있다.